Inhalt

Vorwort

Wann ihre Kindheit zu Ende ging und das Jugend- bzw. Erwachsenenalter begann, können nur wenige Menschen auf Tag und Stunde genau angeben. Normalerweise wächst man langsam aus den sprichwörtlichen Kinderschuhen heraus und wird zum Jugendlichen. Ebenso fließend verläuft die Entwicklung später zum erwachsenen Mann oder zur erwachsenen Frau.

In meinem Leben war dies allerdings anders. Meine Teenagerzeit und damit auch die letzten Reste meiner Kindheit brach abrupt in der Nacht vom 2. zum 3. Januar 1967 ab. Auch der Ort, an dem dieser Bruch eintrat, ist mir für immer ins Gedächtnis eingemeißelt. Es war die mittlere Gefängniszelle des Volkspolizeikreisamtes[1] im thüringischen Eisenach. Aber nicht nur meine Kindheit ging damals zu Ende. Menschlich betrachtet wurde ich in jener Nacht um meine Jugend gebracht. Eine Jugend mit unbeschwerter Ausgelassenheit im Kreis anderer Heranwachsender, dem neugierigen und kritischen Erkunden der Erwachsenenwelt, Erkennen der eigenen Fähigkeiten und der ersten Flirts; all das habe ich so nie erlebt. Die Verhältnisse im kommunistischen Staat DDR, ihre fanatische und menschenverachtende Ideologie, haben mir die normalen Lebenserfahrungen geraubt.

Dass ich trotzdem heute nicht vergrämt auf jene bitteren Jahre zurückschaue, verdanke ich auch Impulsen und Erlebnissen, die ich unter dem Druck der kommunistischen Ideologie an der Schule und hinter den Mauern verschiedener DDR-Haftanstalten empfing. Es waren Impulse, die mich anregten nach dem Sinn des Lebens zu fragen und die mich im Laufe meiner Jugend für Gott aufgeschlossen machten. Sie erlebten ihren Höhepunkt, als ich 1969, während einer Evangelisation, mein Leben bewußt der Herrschaft Jesu Christi unterstellte. Ich war damals knapp 18 Jahre alt.

Obwohl diesem einschneidenden Erlebnis mancherlei religiöse Erfahrungen voran gingen, datiere ich den Beginn meines Glaubenslebens auf diesen Tag. Es war der Tag, als Gott mich zu sich bekehrte.

Der damals ergriffene Glaube hat sich für mich in mehr als dreißig Jahren, auf den Höhen und in den Tiefen meines weiteren Lebens, als tragfähig erwiesen.

Er half mir zu der Persönlichkeit zu werden, die ich heute sein darf.

In schweren Zeiten wurde er mein Halt und in den frohen und schönen Lebensphasen half er mir, mit den Füßen auf dem Boden zu bleiben.

---

[1] Das Volkspolizeikreisamt (VPKA) war die wichtigste Polizeidienststelle auf Kreisebene.

Dieser Glaube an Jesus Christus ist für mich weit mehr als ein für wahr halten von Dogmen[2] geworden. Er gab mir Lebenssinn, der über das äußere Leben hinaus trägt.

Die in der Bekehrung erfahrene, innere Gemeinschaft mit Jesus Christus ist das Beste, was mir je widerfahren ist. Seitdem ich dies erkannt habe, wünsche ich jedem Menschen die gleiche Erfahrung. Später wurde mir deshalb klar, dass ich auch beruflich anderen Menschen helfen sollte, diese Kraft des Glaubens zu finden. So studierte ich an der Bibelschule Falkenberg in der damaligen DDR Theologie und wurde Prediger. Menschen zum Glauben einzuladen, ist meine Berufung geworden und wurde mein Beruf.

Der Glaube, der mich selbst erfasst hat, prägte meine Zeit als Prediger unter den atheistischen Verhältnissen in der DDR und später in Südwestdeutschland.

Auch im persönlichen und privaten Leben gab die Verbindung zu Jesus mir Halt und Sicherheit. Als ich meine Frau kennenlernte, war es dieser Glaube, der mir die Gewissheit gab, gerade mit dieser Frau durch das Leben gehen zu sollen.

In späteren, auch Christen nicht erspart bleibenden Lebenskrisen half der Glaube durchzuhalten. Deshalb kann ich rückblickend sagen, dass es zwar eine schwere, aber keine verlorene Zeit war, die ich im Strafvollzug des realen Sozialismus[3] durchlebte.

---

[2] Glaubenslehren.

[3] Bezeichnung der von der Sowjetunion dominierten kommunistischen Staatsordnungen.

Verhaftung mit 15 Jahren[4]

Ich war in vieler Hinsicht noch ein großer Junge, heute würde man Teenager sagen, als sich in jener unangenehm kalten Januarnacht, gegen 1.00 Uhr, hinter mir die Zellentür zum ersten Mal schloss.

Die DDR brüstete sich gern damit, in allem Weltniveau erreicht zu haben. Dass dies eine der vielen Lebenslügen der SED-Genossen war, wurde spätestens nach ihrem Zusammenbruch 1989 deutlich. Aber auf einigen Gebieten, allerdings meist sehr traurigen, erreichte sie doch Spitzenleistungen. Dies war mit Sicherheit so in ihrem ausgeklügelten Stasi-Spitzelsystem[5], aber auch mit ihrer hermetischen Grenzabriegelung. Neben der Chinesischen Mauer ist es sicher die Berliner Mauer[6], die in die Weltgeschichte als eines der symbolträchtigsten Bauwerke dieser Art eingehen wird. Etwa 1000 namentlich bekannt gewordene Opfer und eine große Zahl Unbekannter fanden an den mörderischen Sperranlagen um die DDR, die Erich Honecker[7] 1961 im Auftrage der SED[8] und ihres damaligen Vorsitzenden Walter Ulbricht[9] bauen ließ, den Tod.

Aus einem in jeder Hinsicht noch unreifen Kind einen politischen Gefangenen zu machen, solches bringen auch nicht viele Regime der Welt zuwege.

Auch wenn ich dem einen oder anderen etwas frühreif vorkam, war ich, als meine erste Haft begann, gemütsmäßig immer noch ein Kind. Irgendwie ein großer Junge. Gerade vier Wochen vor meiner Verhaftung hatte ich in der Weißenfelser Marienkirche meine Konfirmation erlebt. Weißenfels, die etwas schmuddelige Arbeiterstadt zwischen Halle und Naumburg, war meine Heimatstadt.

Nun, Anfang Januar 1967, war ich das erste Mal im Knast. Hatte ich die ersten Verhöre noch ganz gut hinter mich gebracht, so stürzte, da ich eingeschlossen war, für mich die Welt zusammen. Verhaftung, Abtransport im Wartburg der

---

[4] Soweit ich übersehen kann, war ich Ende der sechziger Jahre der jüngste politische DDR-Häftling. In den vierziger und fünfziger Jahren gab es sogar 13- und 14-jährige politische Häftlinge der DDR und des sowjetischen Geheimdienstes NKWD.

[5] Die Zahl der inoffiziellen Mitarbeiter (IMs) der Stasi ging in die Hunderttausende.

[6] Die Berliner Mauer war 156 Km lang. An ihr kamen 156 Menschen ums Leben.

[7] 1912-1992 DDR Staatsratsvorsitzender und Nachfolger Walter Ulbrichts bis zu seinem Sturz 1989. Erlebte den Untergang der DDR mit.

[8] Sozialistische Einheitspartei Deutschlands. 1946 aus dem Zusammenschluß von KPD und SPD hervorgegangen. 1990 nannte sie sich um in PDS und ist heute wieder in verschieden Landesregierungen und im Bundestag aktiv.

[9] 1893-1973. Wichtigster SED-Politiker nach dem Krieg in der DDR. Seit 1960 Vorsitzender des Staatsrates der DDR. Vorgänger und Ziehvater von Erich Honecker.

Volkspolizei, all das war noch wie ein Film an mir vorbei gelaufen. Fast neugierig erlebte ich Vernehmung und Überstellung vom Grenzposten zum Polizeirevier. Aber jetzt, wo ich mit einem Mal allein war, erlebte ich ein körperliches Phänomen, das ich vorher nicht einmal vom Hörensagen her kannte und auch später glücklicherweise so nie wieder erleben musste. Ich geriet in eine schreckliche Panik. Noch waren es nicht irgendwelche zu benennenden Personen oder Dinge, die mich entsetzten. Es war der Blick auf die Gefängnistür, die von innen weder Schloss noch Klinke hatte. Meine Knie wurden weich, meine Zähne fingen an, aufeinander zu schlagen, und ich fiel rückwärts auf die von der Wand heruntergeklappte Pritsche. Meine Hände, ja selbst die Arme schienen nicht nur zu zittern, sondern förmlich zu fliegen. Auf der Stirn und aus allen Poren meines Körpers brach eisiger Schweiß hervor. Immer, wenn ich daran zurückdenke, stehe ich unter dem Eindruck, als wären es winzige Fontänen von Schweiß gewesen, die mit Druck aus mir herausschossen. Wenn sie zurück auf die Haut fielen, erzeugten sie scheinbar Schmerzen, als ob mich kleine Geschosse oder spitze eiskalte Hagelkörnchen träfen. Wie lange dieser Zustand anhielt, weiß ich nicht. Irgendwann fiel ich entkräftet in einen dumpfen, alptraumartigen Schlaf. Aus ihm erwachte ich erst, als am nächsten Morgen ein Wachtmeister die schweren Eisenriegel der Zellentür öffnete und mir Wasser zum Waschen herein gab.

Wie war ich hierher gekommen, ... an jenen Ort, den ich als Grab meiner Jugend empfinde?

Vorgeschichte

Automatisch wurde auch in der DDR kein Fünfzehnjähriger zum Antikommunisten, zum Staatsfeind oder zum politischen Widerständler. So etwas ist das Ende oder der Höhepunkt einer Entwicklung. Zu ihr gehören Erziehung, Erlebnisse, Prägung. Eine Prägung, die im Schoße der Familie und unter den vielfältigen Einflüssen der Umwelt eintritt.

Ich hatte keine leichte Kindheit. Nach wenigen glücklichen Jahren wurde meine Mutter schwer krank. Schleichend, aber konsequent, nahm ihr diese Krankheit alle Kraft. Bald wurde sie zum hilflosen Pflegefall und starb 1976 mit erst 45 Jahren.

Für unsere ganze Familie war das Erleben des fortschreitenden gesundheitlichen Verfalls unsrer Mutti bitter. Mein Vater war mit dieser ganzen Situation hoffnungslos überfordert. Waren es doch noch keine 20 Jahre, dass er am Kriegsende, ebenfalls fünfzehnjährig, aus seiner Heimat in der Nähe von Außsig in Sudetendeutschland vertrieben wurde. Als einer von vielen Flüchtlingen hatte er beruflich und gesellschaftlich nur geringe Chancen, etwas zu werden. Deshalb nutzte er mit 24 Jahren die Gelegenheit, die ihm die DDR gab, trat in die kasernierte Volkspolizei des neu entstandenen Staates ein[10]. Hier war er unter anderem kurzzeitig dem Stasi-Wachregiment „Felix Dserschinski“[11] in Berlin zugeordnet. Als sich dann die offizielle Armee der DDR, die Nationale Volksarmee (NVA)[12] bildete, hoffte er, wie auch andere junge Offiziere und Unteroffiziere, dort Karriere machen zu können. War doch die kasernierte Volkspolizei bereits eine heimliche Vorform der späteren ostdeutschen Armee. Obwohl mein Vater Sudetendeutscher aus einer rein katholischen Gegend war, war er doch nie das, was man einen praktizierenden Katholiken nennt. Da er aber nominell katholisch war und seine Kirchenzugehörigkeit auch nicht in Frage stellen wollte, und wahrscheinlich auch aus anderen Skrupeln heraus, mochte er nicht der SED beitreten. Dies führte dazu, dass man meinte, solche Menschen wie ihn, in der neuen sozialistischen Armee nicht brauchen zu können. Wegen einer unvorsichtig geäußerten Kritik an der Übernahme früherer Wehrmachtsgeneräle und Offiziere in die NVA wurde er direkt bei Gründung der Volksarmee „in Ehren entlassen“. Die Träume von einer gesicherten Zukunft waren dahin.

In der DDR hatten Reserveoffiziere und Unteroffiziere, besonders solche der „ersten Stunde“ wie mein Vater, manche Privilegien. Kein entlassener Offizier konnte so dumm sein, um nicht doch noch als Geschichts- oder Staatsbürgerkundelehrer eingesetzt zu werden. Und wenn sie dort absolut versagten, fand sich eine Position als Parteisekretär oder Pionierleiter an der Schule, wo sie weiter ohne viel Arbeit ihren Lebensstandard halten konnten. Unteroffiziere wurden nach ihrem Armeedienst Geschäftsführer in Verkaufsstellen der HO, bekamen Gaststätten als Pächter oder andere lukrative Jobs.

Für meinen Vater aber begann die Phase einer längeren Arbeitslosigkeit. Bei welcher Behörde er auch als „in Ehren entlassener“ Bereitschaftspolizist vorstellig wurde, überall traf ihn die selbe Frage: „Wie lange sind Sie Genosse?“ Der zuständige Mitarbeiter der Abteilung Arbeit im Rat des Kreises Weißenfels erklärte ihm dann auch unumwunden: „Wir vermitteln nur Arbeit an Genossen, Ihnen können wir nicht helfen.“ Da es in der DDR weder Arbeitslosenunterstützung noch eine vergleichbare soziale Absicherung gab, hatte unsere Familie bald erhebliche wirtschaftliche Probleme.

Die Jahre zuvor erlebten wir, wie sich viele Verwandte nach und nach in den Westen absetzten. Selbst die fast 80-jährige Urgroßmutter flüchtete 1956 in die

---

[10] Obwohl Deutschland keine Armee aufbauen durfte, organisierte die DDR mit der kasernierten Volkspolizei lange vor der Bundesrepublik eine Defacto-Armee.

[11] Felix Dserschinski gründete im Auftrag Lenins den sowjetischen Geheimdienst. Ihm fielen im Laufe seiner Geschichte etwa acht Millionen Menschen zum Opfer.

[12] 1956.

Bundesrepublik, in den Schwarzwald. Als Schüler in den ersten Klassen bekam auch ich manche Diskussionen und Auseinandersetzungen zwischen meinen Eltern um die Frage mit: Sollen auch wir abhauen? Doch die schlimmen Erinnerungen meines Vaters an die Flüchtlingslager der Nachkriegszeit, durch die er als Vertriebener gehen musste, und die Sorge als ehemaliger Bereitschaftspolizist durch eine Flucht größte Probleme von dem langen Arm der Stasi zu bekommen, der Fahnenflüchtige auch im Westen noch greifen konnte, bewegten meine Eltern, diesen Gedanken immer weiter hinaus zu schieben.

Und dann war es zu spät. Am 13. August 1961, ich war gerade im Kinderferienlager der Leuna-Werke, in denen mein Vater nach langem Suchen als Hilfsarbeiter untergekommen war, war die Mauer da. Unsere Familie musste nun sehen, wie es in der DDR weiterging. Die ablehnende Haltung meiner Eltern dem SED-Regime gegenüber, das uns nun auch noch eingemauert hatte, war uns Kindern – wir waren drei Geschwister – immer bewusst. Als mir dann, aus den Gesprächen mit Eltern und Großeltern deutlich wurde, welch schlimme Erlebnisse sie mit den russischen Besatzern oder den tschechischen Kommunisten[13] nach dem Krieg erfahren hatten, prägte sich mir von frühester Kindheit ein antikommunistisches Grundgefühl ein.

Nicht nur der familiäre Hintergrund, sondern auch die Umgebung in der Nachbarschaft oder Schule taten ein Übriges, mich in Opposition zu den damalig herrschenden Verhältnissen zu bringen.

Da meine Eltern nach den Enttäuschungen mit ihrem Staat keinerlei Sympathie für das kommunistische System mehr hatten, wollten sie auf keinen Fall, dass ich zu den Pionieren[14] ging. Außer zwei katholischen Mädchen war ich der Einzige aus meiner Schulklasse, der nicht zu dieser kommunistischen Kinderorganisation gehörte. In einem Alter, wo Kinder überall dazugehören möchten, sich an Autoritäten wie Lehrer und Freunde anlehnen, begann für mich das Gefühl der Isolation gegenüber den angepassten Gleichaltrigen, deren Eltern und vor allem den Lehrern gegenüber. Wie die meisten Kinder in derartig zerrissenen Verhältnissen, versuchte ich dieses durch auffälliges Benehmen zu überwinden, was die Isolation aber naturgemäß noch verstärkte.

---

[13] Die über 2 Millionen Sudetendeutschen wurden auf brutalste Art 1945-47 aus der CSSR vertrieben. Zichtausende kamen durch tschechische Übergriffe ums Leben. Mit den noch heute gültigen Benes-Dekreten wurden alle Vertreibungsverbrechen amnestiert.

[14] Mit der Pionierorganisation Ernst Thälmann schuf die DDR eine kommunistische Kinderorganisation in der über 90 % aller Kinder der DDR organisiert waren.

Meine ersten Begegnungen mit dem christlichen Glauben

Traditionell besuchte ich seit der ersten Schulklasse die sogenannte Christenlehre, den in der DDR üblichen kirchlichen Ersatz für den Religionsunterricht[15]. Spielte der Glaube und die Kirche in unserer Familie bis dahin auch keine große Rolle, so beeindruckte mich doch die Freundlichkeit der Religionslehrerinnen, zweier älterer Fräuleins, die sich hingebungsvoll um uns Kinder bemühten. Wenn ich auch diese christlich geprägte Welt anfänglich nicht verstand, bemerkte ich doch, dass es einen Bereich gab, wo nicht die Anpassung, Heuchelei und staatlicher Druck das Sagen hatten. Ich nahm alles an, was die Kirche für Kinder bot. Bald stellte ich mir in meiner kindlichen Phantasie vor, wie schön es wäre, wenn nicht die Kommunisten, sondern all die lieben freundlichen Menschen, die mir im Kindergottesdienst, der Jungschar oder der Christenlehre begegneten, das Sagen hätten. Ich dachte mir, dass es wohl früher so gewesen sein müsste. Und in meinen Träumen wünschte ich mich in jene alte Zeit zurück. Die alltägliche Realität aber war anders.

Ein kleiner Westagent von 11 Jahren

Nach dem Mauerbau überzog eine riesige Propagandawelle alle Bereiche der DDR. In meiner Schule wurden die Lehrer und Schüler genötigt, eine Erklärung zu unterzeichnen, in der sie sich verpflichteten, den „Bonner Ultras“[16] und westdeutschen Militaristen und Faschisten weder Auge noch Ohr zu leihen“. Ohne kommunistische Floskel hieß das, die ganze Schule, wie fast alle Schulen und die Belegschaften der meisten Betriebe der DDR, musste sich per Unterschrift „freiwillig“ bereit erklären, keine westlichen Radio- oder Fernsehprogramme zu empfangen. Wer nicht mitmachten wollte, erlebte, wie Rollkommandos der FDJ, der staatlichen Jugendorganisation, sein Hausdach erklommen und die auf Westempfang eingestellten Fernsehantennen vom Dach holten. Täglich berichtete die Presse von diesen „Heldentaten“ im Klassenkampf[17]. In unserer Schule unterschrieben scheinbar alle. Jahre später erfuhr ich, dass ein Sportlehrer die Unterschrift verweigerte. Er war von da an nicht mehr in der Schule gesehen.

---

[15] Da kein Religionsunterricht an Schulen geduldet wurde, organisierte die Kirche mit eigenen Religionslehrern (Katecheten) den Unterricht in kirchlichen Räumen unter dem Namen „Christenlehre“.

[16] Eine damals in der DDR gebräuchliche Bezeichnung für die westdeutsche Regierung und dort besonders für die CDU.

[17] Diese Einsätze trugen den Namen „Aktion Ochsenkopf“, nach einem damals in Bayern üblichen Symbol in dessen Fernsehsender. Die auf den Bayrischen Rundfunk ausgerichteten Antennen nannte man auch Ochsenkopf Antennen.

Als ich meinen Eltern von der vorgesehenen Unterschriftenaktion berichtete, ermutigte mich besonders mein Vater, nicht zu unterschreiben. Ich hielt mich recht gern daran. Ein mir befreundeter Mitschüler und ich waren dann die einzigen, die nicht unterzeichneten. Hätten meine Eltern geahnt, was dann kam, sie hätten mich sicher genötigt auch zu unterschreiben.

Da ich dies aber tat, wurden die folgenden Wochen wohl die eigentliche Weichenstellung, durch die ich, obwohl noch Kind, in eine absolute Kontrastellung zu den Verhältnissen in der DDR gedrängt wurde.

Der Terror begann im Unterricht. Die Lehrerin, natürlich selbst unter Druck der besonders fanatisch-kommunistisch geprägten Direktorin und der Parteigruppe, redete stundenlang allein oder auch vor der ganzen Klasse auf uns, die zwei letzten Klassenfeinde[18] der Schule, ein. Die Pioniergruppen, also fast alle Mitschüler, mussten beim Fahnenappell der Schule und bei der wöchentlichen Politinformation ihre Abscheu vor uns „westlichen Agenten“ erklären. Es folgten stundenlange Gespräche bei Frau Töpfer, der Direktorin, mit dem Parteisekretär, den Elternvertretern und dem Pionierleiter der Schule. Hätten diese Herrschaften ein wenig mehr Pädagogik oder Kinderpsychologie und dafür etwas weniger Marxismus studiert, sicher hätten sie gewusst, dass sie Kinder so nicht motivieren. Im Gegenteil: Ich wurde immer sturer. Da ich mich im Mittelpunkt des Interesses sah, wurde ich richtiggehend stolz auf diese Stellung. Der Ernst der Lage konnte mir ja noch gar nicht klar sein. Meine von ihnen erbetene Unterschrift bekamen sie nicht.

Nachdem die Schule die Ergebnislosigkeit all ihres bisherigen Druckes einsah, wurden noch schärfere Geschütze aufgefahren.

Es muss Ende Oktober gewesen sein. Die erste große Kundgebung des Schuljahres wurde mit einer der sogenannten Freundschaftsratssitzungen[19] in der Aula des örtlichen Gymnasiums, in der DDR erweiterte Oberschule genannt, einberufen. Obwohl der Freundschaftsrat nur das oberste Gremium der Pionierorganisation an der Schule war, musste auch ich zu dieser Veranstaltung. Sie wurde zur Schulpflichtveranstaltung deklariert. Die etwa 800 bis 1000 Schüler unserer Schule waren vollzählig versammelt, fast alle im weißen Hemd mit blauem Halstuch, der Uniform der Pioniere, die Lehrer im Blauhemd der FDJ und einige, besonders politisch Profilierte, in ihren Armeeuniformen, die sie als

---

[18] Die DDR erklärte ihre ideologischen Aktivitäten als Kampf der Arbeiterklasse gegen die Klasse der Kapitalisten.

[19] FDJ (Freie Deutsche Jugend), die Staatliche Jugendorganisation, die Pionierorganisation und die Partei (SED) hatten in den Schulen und Betrieben eigene Gruppen. Freundschaftsrat, war das oberste Gremium der Pioniere an einer Schule. Ihre Veranstaltungen wurden oft als Schulveranstaltungen für alle Schüler verpflichtend gemacht.

Reserveoffiziere kennzeichneten. Hinter einem langen Tisch am Kopf des Versammlungsraumes hatten Pionierleiter, Schuldirektorin, Parteisekretär und Freundschaftsratsvorsitzender der Pioniere, eine Elternvertreterin und zwei sogenannte Arbeiterveteranen Platz genommen. Die Arbeiterveteranen, Altkommunisten, beeindruckten durch ihre demonstrativ zur Schau getragenen gestreiften Drillichjacken mit rotem Winkel, die sie als ehemalige kommunistische KZ-Häftlinge auswiesen. Nach dem obligatorischen Absingen der berühmten „Kleinen weißen Friedenstaube“[20] machten die Gruppenleiter der Pioniergruppen der einzelnen Klassen, heute am ehesten mit Klassensprechern zu vergleichen, bei der Direktorin ihre militärisch korrekte Meldung[21]. Nach der Abhandlung einiger Punkte zum schulischen Leben und den Zielen, die sich Lehrer und Schüler für das neue Schuljahr gesteckt hatten, kamen wir an die Reihe.

Einer der Arbeiterveteranen ergriff dann das Wort. Er lobte die Schüler für ihren hervorragenden Klassenstandpunkt, der in der Unterschriftenaktion deutlich würde. Damit hätten sie sich der Kämpfe der Arbeiterklasse im Spanienkrieg[22] und gegen die Faschisten würdig erwiesen. Aber leider gäbe es zwei Schandflecken, die das ganze Bild verderben. Da wären doch noch „zwei kleine Agenten“ des schrecklichen Feindes aller Menschen guten Willens, aller Werktätigen der Welt, Adenauers und seines Kriegsministers Franz Josef Strauß[23]. Irgendwie war es dem anderen Jungen, Peter Späht, der ebenfalls nicht unterschrieben hatte, gelungen, aus der Aula raus zu kommen. Deshalb wurde ich nur noch allein nach vorne gerufen.

Da stand ich vor der versammelten Schule, vor dem mit einer roten und blauen Fahne bedeckten Tisch des Tribunals und wurde vor den 1200 neugierigen Augenpaaren der Kinder, der etwa 80 bis 100 Lehrer und Pionierleiter[24] öffentlich verhört.

---

[20] Eines der wichtigsten kommunistischen Propagandalieder für Kinder.

[21] Wie in allen kommunistischen Ländern gab es an den Schulen, besonders über die Kinder- und Jugendorganisationen eine starke Militarisierung, was unter anderem im Gleichschritt, militärischen Meldungen aber auch in militärisch aufgebauten Geländespielen der Schulen Ausdruck fand.

[22] Damals brüsteten sich viele Kommunisten mit ihrer Mitwirkung in den sogenannten internationalen Brigaden, die gegen Franko kämpften.

[23] Beide Politiker waren das Verhassteste, was man in der DDR Propaganda jener Tage kannte.

[24] Pionierleiter gehörten zum Lehrkörper. Teilweise wurden sie an den gleichen Schulen ausgebildet wir Lehrer (Lehrerseminare).

Da war kein Mitschüler, der es in dieser Atmosphäre wagen konnte, sich an meine Seite zu stellen. Da war keiner der Pädagogen, der eine Hand gehoben hätte, um für den Elfjährigen, den man jetzt seelisch vergewaltigte, einzutreten.

Ich weiß nicht mehr, welche Fragen im Einzelnen gestellt wurden, auch weiß ich nicht mehr, wie lange dies alles ging. Ich weiß nur eins: Ich dachte, ich sei das verlassenste Kind der Welt. Die Veranstaltung wird wohl nicht länger als zwei Stunden gedauert haben. Mir kamen sie wie eine Ewigkeit vor.

Wenige Tage später berichtete die Presse von dieser Freundschaftsratssitzung. Hinter den Veröffentlichungen stand, wie ich später hörte, einer der fanatischen Arbeiterveteranen. Die in der DDR weit verbreitete Pionierzeitung „Die Trommel“ und auch die Regionalzeitung „Freiheit“ lobten die Schule für die Unterschriftenaktion. Man berichtete, dass sich die ganze Bergschule vom unbelehrbaren kleinen Westagenten Rainer Wagner distanziert habe.

So elend und allein ich mir in dieser Zeit vorkam, so stark prägte mich dieses Ereignis in meiner weiteren Entwicklung.

Die Religionslehrerin Fräulein Schröer erfuhr von den entwürdigenden Vorgängen in der Schule. Fräulein Schröer, selbst früher einmal Lehrerin gewesen, sagte in der Christenlehre: „Unser Rainer ist der Einzige aus der ganzen Bergschule, der nicht bereit war, zu lügen.“ Das richtete mich auf, machte mich sogar stolz. Von jetzt an stand für mich fest, wo meine Freunde sind, wo meine Heimat ist: nicht in der Schule, sondern hier in der Kirche. Die Gemeinschaft und Kameradschaft dieser Christen war es, die mir, dem in die Isolation gedrängten Kind, damals halfen. Zwar war mir vieles vom Glaubensgut dieser Menschen noch unbekannt, aber die Solidarität von erwachsenen Menschen, von Leuten der Kirche, die den Verhältnissen in diesem Staat widerstanden, gab mir Kraft und machte mich aufgeschlossen für den Glauben.

In der Schule isolierte ich mich immer weiter. Meine schulischen Leistungen verschlechterten sich. Disziplinarisch muß ich zeitweise vielen Lehrern zur Plage geworden sein. Und ich war froh von der Schule so wenig wie möglich zu sehen. Zeitweise blieb ich tagelang der Schule fern. Für die Lehrer wurde ich immer mehr zum roten Tuch. Isolierte Kinder werden schnell zu Querulanten und Sonderlingen.

Da auch meine Mutter in diesen Jahren immer kränker wurde, kamen auf mich bald übermäßig viele häusliche Pflichten zu. Bald hatte ich nicht nur Verantwortung für meine jüngeren Geschwister zu übernehmen, sondern auch beim Putzen zu helfen, zu kochen, übernahm das Backen und oft hatte ich sogar die Wäsche zu waschen.

In der Freizeit träumte ich von einer anderen Welt. Langsam aber kam ich zu dem Eindruck, die könnte nicht hier, sondern nur im Westen liegen.

Ein Lichtblick an unserer Schule

Zwei oder drei Jahre später hätte es noch einmal eine Veränderung geben können. Wir bekamen einen neuen, jungen Lehrer. Von ihm wurde bald bekannt, dass er Christ ist. Konnte es das geben? Ein Christ als Lehrer an unserer Schule?

Von den anderen Schülern wurde der neue Lehrer seiner roten Haare wegen anfangs etwas bespöttelt. Später aber wurde er für fast alle Klassenkameraden die prägendste Lehrergestalt ihrer Schulzeit.

Ich merkte schnell, dass er versuchte, uns nicht nur die übliche Propaganda einzubläuen. Er machte uns die klassische Literatur groß. Und als ich bei einer Schulveranstaltung den „Rütlischwur" aus Schillers „Wilhelm Tell" zu sprechen hatte, dachte ich sogar, in ihm einen Menschen zu sehen, der die Kommunisten ebenso verabscheute wie ich. Durfte doch ich, der einst als „kleiner Westagent" bezeichnete Rainer Wagner vor der ganzen Klasse sagen:

„Wir wollen frei sein, wie unsere Väter waren,
eher den Tod als in der Knechtschaft leben".

Es machte dann gar nichts mehr, dass die Aufnahme, die wir für den Schulrundfunk aufzeichneten, nie in die Klassen übertragen wurde.

Als dann die Klasse auf die Jugendweihe[25] zuging, hielt dieser Lehrer, Herr Quien, manchen Druck von den zwei katholischen Mitschülerinnen und mir ab, die als einzige das staatliche Treuegelöbnis nicht ablegten. Unser Lehrer hatte die Klasse bereits so geprägt, dass wir auch hier eher Sympathie bei den Mitschülern als Ablehnung erlebten.

Einmal fragte, die besonders ideologisch bornierte Direktorin eine katholische Mitschülerin, warum sie die Jugendweihe nicht mitmache. Sie antwortete, dass sie an Gott glaube und ihr Leben niemanden anderes als Gott weihen werde. Aufgebracht und ironisch fragte die Direktorin, wer denn in der Klasse noch an Gott glaube. Da waren es die zwei katholischen Mitschülerinnen und ich, die sich dazu bekannten. Die Direktorin erwartete daraufhin nun das Gelächter der anderen Mitschüler über uns Außenseiter. Aber sie wurde dann ganz verlegen und ging mit einem knallroten Kopf aus dem Klassenzimmer, als nichts dergleichen geschah.

---

[25] Politisches Ritual als Gegenveranstaltung zur Konfirmation verstanden. Die Katholische Kirche verbot ihren Gliedern die Teilnahme. Die Evangelische Kirche arrangierte sich teilweise dadurch, dass sie die Konfirmation um ein halbes oder ein ganzes Jahr verschob. Somit konnten viele Evangelische beides machen. Ohne Teilnahme an der Jugendweihe wurde jungen Menschen fast immer der Besuch einer höheren Schule unmöglich gemacht.

Mit Sicherheit war dieses Erlebnis auch der Erziehungsweise von Herrn Quien zu verdanken.[26]

Trotzdem gab es durch manche Fachlehrer, den alkoholabhängigen Pionierleiter und ähnliche 150-prozentige Genossen, noch manche ideologisch motivierte Schikanen.

Zwar hatte ich mich in den letzten Jahren schulisch verbessern können; besonders das durch Herrn Quien geweckte Interesse an Literatur und Kunst hätte weiterer Ausbildung bedurft. Aber ich empfand die Schule immer mehr als eine Folterstätte. Ich wollte nur noch eines: so schnell wie möglich raus. Den Abschluss der 10. Klasse könnte ich ja auch nebenbei auf der Abendschule erreichen, meinte ich. Und so suchte ich mir, gerade 15 Jahre alt, eine Lehrstelle in einer privaten Bäckerei. Im Hinterkopf entstanden, angeregt durch eine Katechetin, erste Gedanken, einmal Diakon oder Pfarrer zu werden. Allerdings interessierte mich ein solcher Berufsweg weniger um das Evangelium zu predigen, das ich deutlich noch nicht kannte, sondern um in der Kirche gegen die Kommunisten wirken zu können.

Einmal isoliert, kommt man schlecht wieder auf die Reihe

Mit dem Beginn meiner Lehre änderte sich viel. In der Berufsschule war ich kein Außenseiter mehr. Auch der Unterricht in der Abendschule, in der ich die 10. Klasse erreichen wollte, fiel mir jetzt leicht. Sehr schnell wurde ich Klassenbester in der Naumburger Berufsschule, wo wir Bäckerlehrlinge unseren Unterricht hatten. Im Betrieb ging es, von einigen Ungeschicklichkeiten abgesehen, die jedem „Stift" widerfahren, ganz gut voran. Selbst der Parteisekretär der Berufsschule war froh, einmal einen motivierten Schüler zu erleben.

Aber auch die Berufsschule lag in der DDR. Und dann kam, was auch hier kommen musste, die Frage nach der FDJ. Als damals besten Lehrling schlug mich der Berufsschullehrer zum FDJ-Sekretär der Klassenstufe vor[27]. Da ich kein Mitglied der FDJ war, holte mich nun meine Vergangenheit schnell wieder ein. Sollte sich jetzt der Stress, der mir aus der Weißenfelser Schule noch zu bekannt war, wiederholen? Es widerstrebte mir, mich der kommunistischen Jugendorganisation, zu der alle anderen Mitschüler gehörten, anzuschließen. Was sollte ich tun? Kurze Zeit war ich unsicher.

---

[26] Nach der Wiedervereinigung vertrat der Lehrer den Kreis als Landtagsabgeordneter in Sachsen-Anhalt.

[27] Der FDJ Sekretär der Klasse, war gleichzeitig so etwas wie der Klassensprecher.

Der Lehrer, Herr Mizera, ein über sechzigjähriger früherer Bäckermeister, der irgendwann aus Opportunismus SED-Genosse geworden war, beschwor mich: „Du kannst nicht gegen den Strom schwimmen. Den Sozialismus, den hält niemand auf. Jeder muss sich anpassen. Sonst kommt man unter die Räder." Noch heute klingt es mir in den Ohren, wie er mir zuredete: „Junge, dein Leben liegt doch noch vor dir. Deine Schulzeit" – natürlich hatte er sich informiert – „war doch schon schwierig genug. Über die Berufsschule und den Betrieb hast du eine neue Chance. Wenn du der FDJ beitrittst, sorge ich dafür, dass du, sobald die Lehre vorbei ist, auf die Ingenieurschule kommst." Das war eine Perspektive, an die ich vorher nie geglaubt hätte. Aus dem kleinen Westagenten, dem Klassenfeind und (fast) Schulversager, könnte ein Ingenieur werden. Ich könnte die Kurve noch einmal kriegen. Ich müßte nicht ewiger Verlierer und Außenseiter sein.

Aber meine früheren Erlebnisse hatten mich doch schon zu stark geprägt. Ich meinte zu wissen, was in diesem Staat los ist. „FDJ, nein! Ich bin nicht käuflich!" Das war mein letztes Wort.

Der Fluchtplan reift

Unter den damaligen Bäckerlehrlingen Erster zu sein, war eigentlich keine große Leistung, aber nach einer Zeit, in der ich immer Einzelgänger war, baute mich die neue Erfahrung, diese ersten Monate der Lehre, sehr auf. Hatte mich meine schwierige Stellung in der Schule zu dem Eindruck kommen lassen, dass aus mir wohl nie etwas wird, so hatte mich die kurze Zeit des Erfolges und der Anerkennung in der Berufsschule derart motiviert und aufgerichtet, dass ich nun erstmalig eine Zukunft sah.

Nur wie konnte die Zukunft in diesem Staat sein? Holte mich hier nicht immer wieder die rote Ordnung ein? Ingenieur ja! Und ich wusste jetzt auch: Ich kann es schaffen! Aber nicht durch die FDJ, die Partei – und mit Sicherheit nicht in der DDR.

Nachdem dann noch einige Probleme in der Familie dazu kamen, stand es fest: Meine Zukunft ist dort, wo die Kommunisten die Außenseiter sind und nicht ich. Ich haue ab, in den Westen.

Immer wieder gab es Berichte im Fernsehen oder im RIAS oder Londoner Rundfunk[28], die Sender, die ich sehr oft hörte, von geglückten Fluchtunternehmen. Manche Woche hatte ich den Eindruck, dass Tag für Tag Menschen in den Westen entkamen. Sollte mir so etwas nicht auch gelingen können? Wie viele

---

[28] RIAS Rundfunk im Amerikanischen Sektor, war einer der meistgehörtesten Sender der DDR. Der Londoner Rundfunk sendete im Deutschen Programm spezielle Sendungen für die Ostzone.

aber festgenommen, lebensgefährlich verletzt oder getötet wurden, hörte ich nicht oder wollte ich wohl auch nicht hören. Wenn man es nur richtig will, dann muss es gelingen, dachte ich.

Kurz vor Silvester 1966 beschaffte ich mir das Werkzeug für den Stacheldraht, hob meine 100 Mark Ersparnisse von der Sparkasse ab und versuchte an eine Landkarte des Grenzgebietes zu kommen. Eine Karte zu bekommen war schwierig, denn in der DDR gab es aus Sicherheitsgründen keine Landkarten von Grenze und Sperrgebiet. Auf unserem Dachboden entdeckte ich dann doch eine Vorkriegskarte, in der das Grenzgebiet um Eisenach zu erkennen war. Natürlich ohne Einzeichnung der Demarkationslinie.

Am 2. Januar 1967 gegen 10.00 Uhr stieg ich in den D-Zug nach Eisenach. Als ich noch vor dem Bahnhof von Eisenach stand, kam zwangsläufig die Frage in mir auf: „Wo ist nun die Grenze?“ Einen Wegweiser dahin gab es nicht und Eisenach war eine Stadt wie jede andere. Der Bahnhof lag nach meinem Eindruck mitten im Stadtgebiet. Von einer Grenze war hier nichts zu erkennen. Nie zuvor war ich in diesem Ort. Wen kann ich fragen, wie mich orientieren können? So entschloss ich mich, die die ganze Landschaft überragende Wartburg zu besuchen. „Vielleicht ist von dort aus die Grenze irgendwie zu sehen“. Eine Flucht, das war mir ja klar, kann nur im Dunkeln gelingen, und bis dahin war noch genügend Zeit. Mit meinen paar Mark steuerte ich das Wartburghotel an. Es war damals als eines der modernsten Lokale in der ganzen DDR bekannt. Hier gelang es mir, einen einheimischen älteren Mann ins Gespräch zu ziehen, der mir, wahrscheinlich nichts ahnend, die Geographie der Umgebung erklärte. Wie kindlich naiv bin ich gewesen. Wäre ich den Richtigen in die Fänge geraten, hätte ich schon jetzt gefasst werden können.

Mit Einbruch der Dunkelheit wusste ich, wie ich zur Grenze komme. Bald war das Sperrgebiet erreicht. Ein kleines Hindernis, einen niedrigen Drahtzaun mußte ich überwinden. Niemand bemerkte mich, und ich war in der für normale DDR-Bürger verbotenen 5-Kilometer-Zone[29].

„Noch heute bist du im Westen“, sprach ich mir selbst euphorisch Mut zu.

Aber so leicht war es nicht. Bereits der Weg in Richtung Grenze war kaum zu finden. Zwei, drei Stunden irrte ich über die hart gefrorenen Schollen der im Herbst umgepflügten Äcker, über Gräben und durch kleine Wäldchen, bis ich endlich den Eindruck hatte, die Grenze ausmachen zu können. Ein beleuchteter

---

[29] Die Grenze war durch eine 5 Km breite Sperrzone schon im Vorfeld abgeriegelt. So konnte man normalerweise nie in die Nähe der Grenze kommen. Nur dort lebende Personen mit besonderen Ausweisen durften das Sperrgebiet betreten. Unter ihnen gab es sehr viele Helfer der Grenztruppen.

Ort – das musste, so wie ich die Karte verstand, schon im Westen sein. Während ich querfeldein ging, stolperte ich wahrscheinlich über Meldedrähte. Die Grenzer mussten schon längst gewusst haben, dass ein Flüchtling im Gebiet war. Später wurde mir klar, dass auch ihre Handlanger aus dem Umland, die sogenannten freiwilligen Helfer der Volkspolizei, schon unterwegs waren, um mich, den Grenzverletzer, zu schnappen. Nach meiner damaligen Schätzung waren es noch höchstens 500 Meter bis zur Grenze, als er mich festnahm.[30]

Wie sehr ich mich geirrt hatte, habe ich erst dreißig Jahre später begriffen, als meine Prozess- und Vernehmungsakten von der Gauckbehörde gefunden wurden[31]. Der Ort war Creuzburg und lag noch in der DDR.

Von jetzt an sind meine Erinnerungen sehr lückenhaft. Hatte der Polizeihelfer eine Waffe, hatte er keine? Ich weiß es nicht mehr mir Sicherheit. Manchmal habe ich rückblickend den Eindruck, da war eine Pistole oder eine MP dabei. Manchmal denke ich, dass da auch noch ein zweiter, ein uniformierter Mann war. Was ich später in immer wiederkehrenden Alpträumen sah und was Tatsache ist, kann ich heute kaum noch klar unterscheiden.

Ich empfand kaum etwas bei der Festnahme. Nicht einmal Enttäuschung oder Angst. Alles lief ab wie im Film. Es war, als geschähe alles außerhalb von mir. Ich war wie hypnotisiert. Der oder die Vollstrecker der sozialistischen Ordnung führte(n) mich in eine nahegelegene Grenzerbaracke. Eine erste Vernehmung durch einen großen, bullig wirkenden Offizier folgte. Mir wurden die Taschen durchsucht, Gürtel und Schnürsenkel abgenommen. „Damit du nicht wieder spazieren gehst“, sagte der Offizier mit ironischem Lächeln. Etwa nach 22.00 Uhr stand dann ein Wartburg vor der Baracke. Erstmalig bekam ich Handschellen um und gegen Mitternacht fand ich mich auf dem Polizeirevier in Eisenach wieder. Es folgte die erste Vernehmung bei der politischen Abteilung der Kriminalpolizei[32]. Ein Fünfzehnjähriger in den Händen der schärfsten Truppe der Polizeivernehmer. Was ich gefragt wurde, was ich antwortete, ich weiß es nicht mehr. Auch über diesen Ereignissen liegt in meiner Erinnerung bis heute ein Schleier. Aus dem in meiner Akte aufgefunden Protokoll entnahm ich, dass ich die DDR als gottlosen Staat bezeichnet habe. Besser wäre eine Monarchie wie in alten Zeiten oder aber die Bundesrepublik mit ihrem gewählten Kanzler.

---

[30] Da ich keine Karte hatte muß ich mich verirrt haben. Hätte ich die Werra, die in diesem Gebiet teilweise die Grenze bildet erreicht, so wäre ich nach Überquerung immer noch in der DDR gewesen.

[31] Die Gauckbehörde, eigentlich Bundesbeauftragte für die Unterlagen des Staatssicherheitsdienstes der DDR, wurde nach deren ersten Leiter Joachim Gauck landläufig Gaukbehörde genannt.

[32] Diese Abteilung hatte ähnliche Aufgaben wie die Stasi.

Ich war fast etwas euphorisch. Irgendwo fühlte ich mich sogar als Held.

Aber, zuerst unmerklich, bald aber deutlicher werdend, schlich sich dann doch eine lähmende Angst in mein Gemüt: Was wird jetzt? Was kommt auf mich zu? Dann ging die Zellentür erstmalig hinter mir zu. Der Schlüssel drehte sich laut im Schloss. Die großen Riegel, die damals in allen DDR-Gefängnissen noch üblich waren, wurden krachend zugeschoben. Die Stiefelschritte des weggehenden Wachtmeisters wurden leiser. Und jetzt, mit einmal war es, als würde der Himmel über mir einbrechen. Ich erlebte einen totalen körperlichen und psychischen Zusammenbruch.

Die jetzt folgende Haftzeit wurde zur schwersten Zeit meines bisherigen Lebens. Aber auch im Gefängnis gab es unterschiedliche Phasen. Es gab wenige bedrückende Zeiten. Es gab hier und da erlebte Kameradschaft, ja sogar heitere und witzige Episoden.

Jedoch die Untersuchungshaft – und hier besonders die erste Nacht – erlebe ich noch bis heute manches Mal als bedrückenden Alptraum. Ich kann diese Stunde nur schrecklich und grausam nennen.

Im Knast

Die erste Zeit der Untersuchungshaft ist die Zeit, wo man das Gefängnisleben kennenlernt. Gleichzeit ist sie die schwerste Zeit.

Im späteren Strafvollzug hat man eine bestimmte Perspektive. Man weiß um den herbeigesehnten Tag der Entlassung und alles geht auf dieses Ziel zu. Auch als Abgeurteilter erlebt man beängstigende Stunden. Kraft bekommt man aber vom Wissen, in 12 oder 14 Monaten liegt das alles hinter dir. Die Untersuchungshaft aber ist eine Zeit ohne Perspektive. Der Tag vollzieht sich in größter Monotonie und Langeweile.

Ein unschuldig Verhafteter hofft sicher, dass sich seine Unschuld noch herausstellen wird. Ein Krimineller macht sich vielleicht Hoffnungen, nicht überführt zu werden. Aber als Staatsfeind war nichts Gutes zu erwarten.

Die Tage vergehen langsam. Die Ungewissheit macht die Zeit zu einer bleiernen Zeit. Man beginnt zu grübeln. Depressionen prägen die Nächte und in Einzelhaft meistens auch den Tag.

Irgendwann drängte sich mir die Frage auf, wie meiner kranken Mutter wohl jetzt zu Mute sein müsse, wie es ihr gehe. Ich fragte mich, wie mein Vater, der ja von nichts wusste, das alles beurteilen würde.

Morgens wartete ich auf den Abend und in den schlaflosen Nächten wartete ich darauf, dass es bald wieder hell wird. Die täglichen Demütigungen, Verletzungen und Drohungen durch die Schließer, kriminelle Mithäftlinge oder die Kriminalpolizisten waren die einzigen Abwechslungen im niederdrückenden Tagesablauf. Dies alles erlebte ich im 15. Lebensjahr. Die Kindheit und Jugend waren unwiederbringlich dahin.

Erster Transport nach Gotha

Da Eisenach kein Untersuchungsgefängnis hatte, wurde ich am 3. Januar gegen Mittag in die U-Haft nach Gotha verlegt. Gemeinsam mit mehreren älteren Leidensgefährten, die – soweit ich erfuhr – am gleichen Tag wie ich im weiteren Umkreis von Eisenach beim Fluchtversuch ertappt wurden, wurde ich auf den Hof der Polizeistation geführt. Die mir bis dahin nur aus Filmen bekannte „Grüne Minna“,[33] der Gefangenentransporter, stand schon bereit. Nach der sogenannten „Belehrung“ durch einen kleinen, schon etwas angegrauten VP-Mann bestiegen wir den Kastenwagen. „Dass mir keiner versucht, stiften zu gehen! ... Wir zielen nicht lange auf die Kniescheibe“, war der Höhepunkt seiner energisch und wichtigtuerisch vorgetragenen Weisungen.

In Gotha angekommen, tauchte ich dann ein in den offiziellen Knastalltag. Zuerst ging es zur Effektenkammer. Bis dahin kannte ich diesen Bergriff nur aus dem KZ-Film „Nackt unter Wölfen“[34], den wir uns im Deutschunterricht ansehen mussten.

Nun erlebte ich: So etwas gibt es ja wirklich – und immer noch! In der Kammer wurde mir die gesamte persönliche Habe abgenommen. Dann ging es in den Zellentrakt. Hier widerfuhr mir erstmalig eine Prozedur, die sich bei jeder Verlegung, aber von Zeit zu Zeit im normalen Gefängnisalltag immer wiederholte: das Filzen. Ein demütigender Vorgang, dessen verheerende Wirkung nur der wirklich begreifen kann, der ihn hat über sich ergehen lassen müssen. Da standen zehn bis zwanzig Männer neben mir in Reihe und Glied an der Wand eines Gefängnisganges und ich war dabei meist der Jüngste unter ihnen. Die Altersspanne ging oft bis zu 80jährigen Greisen. Wir alle hatten uns splitternackt auszuziehen und strammzustehen. Unsere Sachen wurden untersucht. Wir hatten Zehen und Finger zu spreizen, uns durchs Haar zu fahren, und immer wurden uns dabei Mund und After mit einer Lampe ausgeleuchtet. Es hätte ja etwas zwischen den Fingern, auf dem Kopf oder in den Körperöffnungen, eine Waffe oder irgend etwas den Sozialismus und seinen „humanen Strafvollzug“[35] Ge-

---

[33] Bezeichnung für die grünen Kastenwagen, mit denen die Häftlinge transportiert werden.

[34] Roman über das Nazi KZ Buchenwald des Kommunisten Bruno Apitz.

[35] Eine Bezeichnung, die von den Bediensteten immer wieder gebraucht wurde.

fährdendes versteckt sein können. Achselhöhlen und Schambehaarung wurden auf Filzläuse untersucht. Dabei ging der normale Gefängnisbetrieb um die Entkleideten herum weiter. Da zur Filzlauskontrolle Sanitäter rangeholt werden und diese zeitraubend durch mehrere Sicherheitsschleusen durchgeschlossen werden mussten, konnte die Prozedur 50 bis 60 Minuten in Anspruch nehmen.

Später wurde mir klar, dass diese Art der Bloßstellung nicht nur der Sicherheit oder der Hygiene diente. Jahrzehnte später, als ich Eugen Kogons Buch „Der SS-Staat" las, wurde mir deutlich, dass dies eines der wichtigsten Reglementierungsinstrumente des Unterdrückungssystems in den Zuchthäusern[36] und Lagern totalitärer Staaten, wie dem Hitlers oder Ulbrichts, war. Die Nacktheit im Umfeld von Uniformen und Stiefeln, Gummiknüppeln und Koppeln, soll den Menschen total einschüchtern, gefügig machen und in ihm den Eindruck der absoluten Ausgeliefertheit und Schwäche eintrichtern.

Natürlich haben alle politischen Gefangenen solche Demütigungen erlebt. Wie seelisch zerstörend dies aber auf einen Fünfzehnjährigen wirkt, dass kann nur der sagen, der es als Kind hat durchkosten müssen.

Aber hatte ich nicht schon ähnliche Bloßstellungen früher erlebt? Beim Tribunal wegen der verweigerten Unterschrift, keine westlichen Medien mehr empfangen zu wollen? Als Ausgegrenzter, der kein Pionier werden wollte?

Erstmals unter Verbrechern

Irgendwann betrat ich dann die Mehr-Mann-Zelle. Außer mir waren hier noch zwei Jugendliche und ein etwa 40-jähriger Mithäftling. Es waren, wenn ich mich recht erinnere, alles Kriminelle. Eine Woche waren wir auf etwa 10 Quadratmeter zusammengestellt. Obwohl mir die drei recht unangenehm waren, sehe ich es als recht glückliche Fügung an, die ersten Tage mit alten Knastologen zusammen gewesen zu sein. Ich erfuhr von ihnen viel über den Umgang unter den Gefangenen, ein sinnvolles Verhalten den Schließern gegenüber, über die Dienstgrade der Wachtmeister und Offiziere[37], die jeder Gefangene kennen muss, und über die Verhältnisse in den verschiedenen Haftanstalten. Mir sind dadurch manche Fehler erspart geblieben, die mir sonst sicher große Probleme in der rauhen Umgebung gemacht hätten. Ich lernte, Meldung zu machen – was in den nächsten zwei Jahren bei jedem Treffen auf einen Uniformierten zu er-

---

[36] Unmittelbar nach dem 2. Weltkrieg verfaßtes Standardwerk des früheren KZ-Häftlings und NS-Widerstandskämpfers Eugen Kogon über das System der deutschen Konzentrationslager.

[37] Die Polizei, wie die in den Haftanstalten als Vollzugsmitarbeiter eingesetzten Polizisten, hatten militärische Dienstgrade in der DDR.

folgen hatte. Ich erfuhr, was die schräg eingebauten Scheiben vor den Gittern der Zellenfenster zu bedeuten hatten. Es waren sogenannte Sichtblenden, die verhindern sollten, dass der Gefangene aus dem Fenster sieht oder hinter dem Fenster von außen gesehen wird. Ich erfuhr, wie man sich in der rauhen Wirklichkeit der Jugendgefängnisse durchschlägt, ohne unter den Mitgefangenen zum Außenseiter zu werden. Das hätte verheerende Konsequenzen gehabt. Später erlebte ich, wie schlimm Uninformierte unter der Brutalität und Heimtücke der Umgebung im Knast und besonders im Jugendgefängnis zu leiden hatten. Die ersten Tage in Gotha waren so etwas wie ein Überlebenstraining im Dschungel menschlicher Brutalität und staatlichen Terrors.

Einzelhaft in Naumburg

Da ich aus Weißenfels im damaligen Bezirk Halle[38] stammte, musste mein Fall vor dem dortigen Kreisgericht verhandelt werden. Obwohl die DDR eine Diktatur war, hatte sie doch Formalien, die an einen Rechtsstaat erinnern sollten. Verurteilt werden konnte man nur dort, wo der Gerichtsstand war, am Kreisgericht des Heimatortes. Aus diesem Grund kam nach etwa 10 Tagen U-Haft in Gotha eine erneute Verlegung. Dieses Mal ging es in die U-Haftanstalt nach Naumburg.

Erstmalig erlebte ich eine Fahrt im berüchtigten Grothewohlexpress. Neben den Verlegungen mit der Grünen Minna gab es in der DDR spezielle Sträflings-Eisenbahnwaggons. Beim Grothewohlexpress handelte es sich um einen Gefängniswagen, der verschiedenen Zügen der Reichsbahn[39] angehängt wurde. Er fuhr seinerzeit wöchentlich zwei Tage vom Süden nach dem Norden[40] und zwei Tage vom Norden in den Süden. Wenn Gefangene verlegt wurden, so stellten die Haftanstalten normalerweise einen Transport aus mehreren zu verlegenden Häftlingen zusammen. Wenn die Haftanstalt in der Nähe der Bahnstrecke des Grothewohlexpresses lag, wurden die Gefangenen dann zum Zug gebracht. In kleinsten Abteilen von etwa 1,5 x 2 Meter wurden 6 bis 10 Gefangene eingeschlossen. Den Namen muss dieser Folterwagen irgendwann einmal von politischen Gefangenen bekommen haben. Otto Grothewohl war ja jener frühere SPD-Reichstagsabgeordnete, der nach dem Krieg, 1946, die Vereinigung der sozialdemokratischen mit der kommunistischen Partei zur SED in der SBZ durchführte. Zeit seines Lebens war er dann Mitvorsitzender der SED und Ministerpräsident der DDR. Nach der Zwangsvereinigung wurden Tausende SPD-

[38] Die DDR hatte keine Länder sondern unterteilte sich in 12 Bezirke.

[39] RB Reichsbahn war die in der DDR beibehaltene Bezeichnung der Bahn.

[40] Gefängnissen Bützow-Dreibergen auf der Insel Rügen und Karl-Marx-Stadt dem heutigen Chemnitz.

Genossen, die nicht die selbe Verräterhaltung hatten wie Grothewohl, auch abtransportiert. Wochenlang mit Viehwaggons bis nach Sibirien. Viele kamen nicht wieder.

Ich erinnere mich an einen Transport mit dem Grothewohlexpress im August 1968, als wir bei praller Sonne einen ganzen Tag auf irgend einem Abstellgleis in der Nähe des Leipziger Hauptbahnhofs standen. In den abgeschlossenen Abteilen, deren Fenster mit Milchglas undurchsichtig gemacht und durch Gitter, die im Inneren des Abteils vor den Fenstern waren, ausbruchsfest waren, stieg die Temperatur bis zur Unerträglichkeit. Zwar hatten wir Gefangenen aus unserer letzten Haftanstalt etwas Brot als Verpflegung mitbekommen. Da aber auch die VP-Wachmannschaften unter der Sonne litten, hatten diese kaum Lust, den Häftlingen etwas zu trinken zu bringen. Nachdem ich 30 Jahre später in dem Film „Schindlers Liste“ von Spielberg[41] jene Szene sah, wo ein KZ-Transport mit unter der prallen Sonne leidenden Häftlingen auf einem Bahnhof stand, hatte ich noch wochenlang Alpträume und Depressionen auslösende Erinnerungen an die Tage auf dem Abstellgleis bei Leipzig.

Die Fahrt im Grothewohlexpress konnte tagelang dauern, denn der Zug fuhr nie durch. Je nach Anzahl der Häftlinge, die verlegt werden sollten, wurde der Wagen an unterschiedlichste Züge angekoppelt und einige Stationen weiter befördert. Dann wurde er wieder abgekoppelt und an einen anderen Zug angehängt. Viele Male wurde ich mit Gefangenen in Handschellen aneinandergefesselt, von Polizei mit Karabinern und scharfen Hunden begleitet, über Güterbahnhöfe und Gleise, aber auch mitten durch die Bahnhofshallen geführt. Was mögen die Reisenden gedacht haben? Welchen unbedarften Zeugen muss es bei unserem Anblick nicht durch den Kopf geschossen sein, Schwerverbrechern begegnet zu sein, die derart sicher bewacht werden müssen? Mancher von uns schämte sich, so vorgeführt zu werden. Andere waren derart abgebrüht, dass sie die Reaktionen der Reisenden gern zur Kenntnis nahmen. Meine erste Fahrt von Gotha nach Naumburg fand im Januar statt und war deshalb nicht so strapaziös wie spätere Verlegungen im Sommer. Irgendwann gegen 20.00 Uhr wurden wir verladen und gegen 1.00 Uhr kam ich in Naumburg an.

Ich kannte Naumburg gut. Oft war ich in den letzten Monaten von Weißenfels nach Naumburg gefahren. In der Domstadt Naumburg wohnten nicht nur einige Verwandte von mir, nein, es war der Ort, wo ich zweimal wöchentlich die Berufsschule besucht hatte. Aber als ich dieses Mal den Bahnhof betrat, geschah es nicht am Tag durch die Halle, wie wenn ich zur Schule fuhr. Wir wurden zu einem mir bis dahin nicht bekannten Nebenausgang geführt. Hier erwartete uns

---

[41] Viel beachteter amerikanischer Spielfilm über den Unternehmer Oskar Schindler, der fast 1000 Juden vor der Vernichtung bewahrt hat.

die Grüne Minna. Sie verschlang die fünf oder sechs gemeinsam mit mir für Naumburg bestimmten Leidensgenossen, und es ging zum Salztor, wo die alte Haftanstalt lag.

U-Haft in Naumburg

Als einige Jahre später die Baader-Meinhof-Terroristen[42] in der Bundesrepublik ihr Unwesen trieben, wurden die, derer man habhaft wurde, in Hochsicherheitsgefängnissen untergebracht. Da sie sich als Soldaten und Freiheitskämpfer verstanden, lehnten sie es ab, mit normalen Gefangenen zusammengelegt zu werden. Sie wollten als Gruppe zusammengelegt werden. Bei derart gefährlichen Verbrechern, die weder vor Geiselnahme noch vor Mord zurückschreckten, konnte diesem Ansinnen auf keinen Fall nachgekommen werden. So kamen sie in Einzelhaft. Ihre Einzelzellen waren mit eigenen Büchern, Plattenspielern, Radio usw. ausgestattet. Sie bekamen zeitweise Hotelessen und trugen natürlich ihre persönliche Kleidung.

Ihre Sympathisanten und Anwälte redeten trotzdem, da diese Mörder von dem Umgang untereinander abgeschnitten waren, von Isolationsfolter. Diese Herrschaften hätten Einzelhaft in der DDR erleben müssen – dann hätten sie gewusst, was Isolationsfolter ist! Eine Folter, der im Sozialismus aber nicht Mörder unterzogen wurden, sondern, wie in meinem Fall, sogar Kinder und Jugendliche, deren ganze Schuld es war, von einem Teil Deutschlands in den anderen gehen zu wollen. Ich hatte das zweifelhafte Vergnügen der Isolation mehrere Male im Laufe der nächsten zwei Jahre gehabt.

Nach Filzung und Einweisung ging es sofort nach der Ankunft im Naumburger Gefängnis in den Trakt der Einzelzellen. Es war ja weit nach Mitternacht. Auch die Haftanstaltsbediensteten hatten kein Interesse, zwischen 1.00 und 5.00 Uhr morgens mehr als nötig zu arbeiten. Meine Zelle hatte etwa 3 Meter Länge und 1,80 Meter Breite. Tagsüber wurde das Bett, ein Gittergestell mit durchgelegener Matratze, an die Wand geklappt. Unter dem vergitterten Fenster befand sich ein Tischchen. Links an der Wand ein kleiner Hängeschrank mit Essnapf, Plastiktasse und Besteck. Darunter hingen Handtuch und Geschirrtuch.

In dem alten Gefängnisgemäuer von Naumburg legte man viel Wert auf peinlichste Sauberkeit, der Fußboden der Zellen musste immer glänzen. Die sich bildenden Schatten auf den Fußböden mussten militärisch genau in die gleiche Richtung verlaufen. Kein Fußabdruck durfte auf dem Steinholzboden in eine andere Richtung hin zu sehen sein. Aus diesem Grund hatten wir Gefangene ständig Scheuer-

---

[42] Diese Terroristen träumten vom Sozialismus, den sie herbei bomben wollten. Teilweise hatten sie Unterstützung.

tücher unter den Schuhen zu führen. Da man die Beine beim Gehen so natürlich nicht heben konnte, bekam man davon einen schleifenden Gang. Bei der täglichen Zellenkontrolle durfte sich auch nicht das kleinste Staubkorn finden lassen. Das Karomuster der Bettwäsche musste linealgenau ausgerichtet sein, die Kleidung in Form quadratischer Päckchen übereinander liegen. Unordnung oder Unsauberkeit hätte eine Hausstrafe wie Arrest, Einkaufs-, Besuchs- oder Briefsperre zur Folge gehabt. Da monatlich nur ein Brief geschrieben oder empfangen werden durfte, war dies eine harte Strafe.

Jahre später las ich bei einer Besichtigung des KZ Dachau die dortige Stubenordnung. Sie hätte in Naumburg und später im Jugendgefängnis Dessau, wo ein ähnlicher Drill herrschte, keine Strafverschärfung gebracht.

Im großen Widerspruch zur militärischen Ordnung standen die sanitären Möglichkeiten. Es gab kein fließendes Wasser. Das wenige Waschwasser, für 4 Personen am Tag oft nur 8 Liter, wurde morgens mit Eimern in die Zelle gebracht. Dieses Wasser musste auch noch zum Trinken reichen. Zur Notdurft hatten die Gefangenen keine Toilette, sondern einen alten Eisenkübel mit einem rostigen Eimer als Einsatz. Zur Desinfizierung war diesem Kübel, neben ein bis zwei Litern Wasser, eine Schaufel Chlor beigegeben. Aus diesem Grund waren die Zellen immer von einem beißenden Gestank erfüllt. Allerdings konnte sich sogar ein Fünfzehnjähriger wie ich binnen weniger Wochen an diesen ätzenden Geruch gewöhnen.

Das Schlimmste an der Einzelhaft aber war das Alleinsein. Die einzigen Menschen, die man zu Gesicht bekam, waren der Wachtmeister und die Kalfaktoren, die zwei bis drei Mal am Tag zur Essenausgabe, zum Wasserempfang bzw. Kübelauswechseln die Zelle aufschlossen. Manchmal traf man noch Mitgefangene beim Hofgang. Aber jede Kontaktaufnahme untereinander war strengstens verboten. Ich als Jüngster wurde in der ersten Zeit des öfteren von Bediensteten heimgesucht. Möglicherweise entdeckten einige Schließer ihre pädagogische Ader und meinten, mich erziehen zu sollen. Vielleicht war es aber auch nur Neugierde. Denn ein Fünfzehnjähriger, wegen Republikflucht inhaftiert, war auch in der DDR selten. Ich habe während meiner Haftzeit nie einen jüngeren Politischen erlebt. Da es sonst keine Veränderung des Tagesablaufs gab, waren selbst die Heimsuchungen durch das Personal eine Art Abwechslung. Als Gefangener musste ich bei jeder Türöffnung in Hab-Acht-Stellung strammstehen und Meldung machen.

Wenn es zur Freistunde auf dem Hof[43] ging, standen wir, bis alle Einzelzellen unseres Flures aufgeschlossen waren, mit dem Gesicht zur Wand an der Gefängnismauer gegenüber der eigenen Zellentür. Im Gleichschritt marschierten wir dann durch den Flur zum Hof. Dort bewegten wir uns im Kreis um ein kleines Blumenbeet. Sprechen oder irgendwelche Kontaktaufnahmen waren unmöglich. Nur die Kommandos – alle fünf Minuten: „Kehrt um!“ –, die den Gänsemarsch um das Blumenbeet im Gefängnishof in die entgegengesetzte Richtung laufen ließen, brachten Abwechslung in die trotzdem täglich herbeigesehnte Freistunde. Nach fünfzehn bis zwanzig Minuten ging es in umgekehrter Ordnung in die Zelle zurück.

Die erste Zeit deprimierte mich dieser Alltag total. Aber später stumpfte ich, wie sicher fast alle hier, ab und das Ein- und Ausgeschlossenwerden, der Gleichschritt und die Beachtung aller Kommandos wurden auch für mich Routine. Aber trotz jeder Gewöhnung, auch an das Bittere des Gefängnisalltages, wurde ich, wenn ich daran dachte, dass keine 10 Minuten von meiner Zelle entfernt meine alten Tanten wohnten, und 15 Minuten weiter die Freunde und Mitschüler der Berufsschule im Unterricht saßen, hin und wieder von einer Schwermut befallen.

Unter Schwerstkriminellen und bei der K.

Nach etwa 14 Tagen Einzelhaft wurde ich dann wieder in eine mit mehreren Häftlingen besetzte Zelle verlegt. Außer mir waren dort ein berüchtigter Sittlichkeitsverbrecher aus Quedlinburg, ein Scheckbetrüger und später weitere Kriminelle untergebracht. Auch wenn die Herrschaften keine angenehmen Zeitgenossen waren, so wurde ich doch aus der Einsamkeit herausgenommen. In den nächsten zwei Jahren lebte ich mit unterschiedlichsten Menschen zusammen. Kriminellen und Politischen. Die Kriminellen waren nicht alle menschliche Monster, nicht alle Politischen waren edle Idealisten. Ich lernte Geschäftsleute kennen, denen der Staat einfach nur ihren Betrieb wegnehmen wollte und denen deshalb irgend ein Wirtschaftsvergehen angedichtet wurde. Ich lernte Schläger kennen, die, vom Alkohol enthemmt, etwas getan hatten, das sie tausendmal bereuten. Unter den Mitgefangenen saßen brutale Egoisten und Menschen, die in irgend etwas hinein geschlittert waren. Ich begegnete Mördern und kleinen Ganoven. Wenn diese Begegnungen von mir auch nicht gewollt waren, so half mir die dadurch gewonnene Menschenkenntnis später, andere besser einzuschätzen.

---

[43] Die Freistunde war der dem Gefangen zustehende Hofgang von ca. 30 Minuten täglich; dort herrschte striktes Redeverbot. Oft wurde die Freistunde aus fadenscheinigen Gründen versagt.

Obwohl ich heute der Haftzeit auch gute Seiten abgewinnen kann, halte ich es für ein schlimmes SED-Verbrechen, ein fünfzehnjähriges Kind mit Mördern, Dieben oder Sexgangstern gemeinsam unterzubringen.[44]

Welche Verdorbenheit bekam mein noch kindliches Gemüt mit, wenn ich Tag für Tag mit einem Mann zusammen war, der gemeinsam mit 20 anderen Lumpen über einzelne Frauen hergefallen war und sie brutal vergewaltigt hatte. Ein Mensch, der keine Reue kannte, aber in den Gesprächen an seiner früheren Braut kein gutes Haar ließ, weil sie sich nach dem Bekanntwerden seiner Verbrechen von ihm trennte. Wie oft hörte ich nach meiner Verurteilung von Kriminellen: „Du bist schön dumm. Was meinst du, was du für 14 Monate hättest alles machen können?"

Einen heranwachsenden Jugendlichen in der Zeit seiner Persönlichkeitsentwicklung in solche Gesellschaft zu bringen, ist ein Verbrechen. Dass ich nicht total verdorben und bei solchen Einflüssen nicht zum Verbrecher wurde, danke ich allein Gottes bewahrender Hand.

Trotzdem empfand ich persönlich und menschlich meine ersten Begegnungen mit diesen Kriminellen als Abwechslung. Kann doch die absolute Isolation in der Einzelhaft einen Menschen total zerbrechen. Aber in welcher Gefahr ich war und auf welche schiefe Bahn ich hätte kommen können, ist mir erst im Nachhinein klar geworden.

Während der dreimonatigen Untersuchungshaft wurde ich etwa 10 Mal bei der politischen Abteilung der Kriminalpolizei verhört. Wir nannten sie einfach die „K". Die Verhöre waren nicht besonders beeindruckend. Mein Fall war klar. Da Verhöre aber oft zur Zeit der Freistunde waren oder auch in der Nacht, so bedeuteten sie doch eine zusätzliche Schikane. In der ganzen Zeit der kriminalpolizeilichen Untersuchung durfte ich natürlich keinen Besuch von Verwandten empfangen. Monatlich ein Brief, das war alles, was mich mit der Familie verband.

Der Prozess zeichnet sich ab

Ende März 1967 waren die Untersuchungen abgeschlossen. Durch jüngere Mitgefangene hörte ich von den brutalen Zuständen in den Jugendgefängnissen und Werkhöfen der DDR. Wenn ich mich davor auch etwas fürchtete, so dachte ich doch, dass ich dies auch überstehen würde. Außerdem meinten ältere Gefangene, die ich beim Einkauf kennenlernte oder mit denen ich bei ihrer Arbeit als

---

[44] Die Kommunisten meinten politische Gefangene durch die Kriminellen erziehen zu können. Oft führte diese Erziehung zu schlimmen Übergriffen durch Kriminelle.

Kalfaktoren[45] ins Gespräch kam, dass ein Fünfzehnjähriger nach einem viertel Jahr abschreckender U-Haft sicher mit einer gerichtlichen Verwarnung davonkäme. Vielleicht wäre es auch so geworden. Aber da gab es ja den Stolz in mir, den ich trotz aller Erniedrigungen und Angst nie aufgeben wollte. In jugendlicher Unbedarftheit stand für mich fest, dass ich keinerlei Kompromisse eingehen werde, um eine milde Strafe oder gar die Entlassung zu erreichen.

Letztlich sah ich verächtlich nicht nur auf die oft primitiven und kriminellen Mitgefangenen, sondern auch auf die Schließer herab. „Von den Blauen", so nannten wir die Schließer aufgrund ihrer dunkelblauen Uniform, „unterscheidet uns nur die Kleidung. Wir haben gelbe Streifen auf Rücken, Armen und Hosenbeinen, die haben Kragenspiegel und Schulterstücke", erklärte einmal ein berüchtigter Einbrecher. Wenn ich auch nicht viel Lehren von Kriminellen annehmen wollte, sah ich dies doch ähnlich. Die einen zeigten ihre Verbrechergesinnung durch Übertretung der primitivsten Normen menschlichen Zusammenlebens. Die anderen offenbarten ihre Charakterlosigkeit, indem sie Helfershelfer eines Staates wurden, der es nötig hatte, seine Bürger einzumauern. Viele von ihnen ließen ihre Launen und sadistischen Neigungen an den ihnen ausgelieferten Häftlingen aus. Je länger ich in der U-Haft war und je besser ich mich unter den Verhältnissen des Knasts zurechtfand, um so mehr wuchs ein gewisses Überheblichkeitsgefühl, das auf der einen Seite Schutz war, mich aber auf der anderen Seite sehr unvorsichtig werden ließ.

Einige Wochen vor dem Prozess wurde ich noch einmal zum Vernehmer bei der „K" geführt. „Untersuchungsgefangener Wagner, Sie scheinen ja gute Freunde zu haben." Zuerst verstand ich nicht, was der Polizeioffizier meinte. Aber dann wurde er konkret: „Die Klasse Ihrer Berufsschule und Ihr Lehrer haben eine Bürgschaft für Sie gestellt." Nie zuvor hatte ich gehört, dass so etwas für einen politischen Gefangenen gemacht wurde. Mein Berufsschullehrer hatte, während ich in Haft, war alle ihm zur Verfügung stehenden Mittel eingesetzt, um mich, seinen Lieblingsschüler, frei zu bekommen. Erst viel später wurde mir klar, welches persönliche Risiko er eingegangen war, als er die Klasse motivierte, beim Staatsanwalt für mich zu bürgen. Obwohl ich die Tragweite dieser Aktion nicht voll erfasste, wurde ich von meinen Gefühlen hin und her gerissen. In einer Umgebung voll Brutalität wie hier im Gefängnis zu erfahren, dass es Menschen gibt, die zu mir stehen, das war bewegend.

„Unterschreiben Sie, dass Sie die Bürgschaft akzeptieren und sich jetzt in die Gesellschaft einfügen und Sie sind bald auf freiem Fuß", erklärte der Vernehmer. Damit hatte ich nicht gerechnet. Aber was tat ich? Mit einem Mal sah ich

---

[45] Unter einen Kalfaktor versteht man einen Häftling, der in der Strafanstalt Arbeiten im Rahmen des Gefängnisbetriebes auszuführen hat, z.B. Essenausgaben, Bücherei usw.

nicht die Chance zur Freiheit. Ich sah den Polizisten. Den Mann, der sich nur durch die Uniform von den Kriminellen in meiner Zelle unterschied. Soll er sehen, wie sehr ich mich nach Freiheit sehne? Soll er sagen, Rainer hat Gnade angenommen? Nein, das wollte ich nicht. Irgendwie spürte ich natürlich auch, dass ein politischer Prozess gegen einen 15-jährigen Jungen selbst den Mitarbeitern der DDR-Behörden unangenehm war. In meinem stolzen Innern sagte mir eine Stimme. Die haben mich bis jetzt gequält, jetzt führe ich sie vor!

So stand im späteren Protokoll: „Ich kann das System der DDR nicht anerkennen. Deshalb will ich auch nicht hier bleiben, sondern werde immer wieder versuchen, wieder nach Westdeutschland zu kommen ... Ich weiß, dass ich dadurch in den Jugendwerkhof oder ins Jugendgefängnis komme, aber ich will nicht heucheln.“[46]

Allerdings hatte ich mich in meiner jugendlichen Phantasie hier wieder einmal total übernommen. Die Kommunisten saßen nun mal am längeren Hebel. Ob ein Fünfzehnjähriger wegen Republikflucht verurteilt wird, mag dem einen oder anderen DDR Beamten persönlich Gewissensprobleme bereitet haben. Das System aber kannte weder Rücksicht auf Alter noch Gewissen. Im Grunde war mein Urteil so gut wie gesprochen, als ich die Bürgschaft ablehnte. Vorführen lassen würde sich die Arbeiter- und Bauernmacht der SED nicht. Da brachten sie lieber ein Kind ins Zuchthaus.

Einige Zeit später wurde ich zum Staatsanwalt geführt. Es war Josef Schmidt. Er galt als berüchtigtster Ankläger am Kreisgericht. Später stieg er in die Bezirksstaatsanwaltschaft auf. Vor ihm hatten die meisten Gefangenen nicht nur Respekt, sondern offene Angst. Er forderte normalerweise die Höchststrafen und bekam sie von den meist farblosen Richtern auch bewilligt. Ein Kind ins Zuchthaus zu bringen, das war ihm kein Problem, sondern ein Auftrag für den Klassenkämpfer.

Hätte ich gewusst, wie schwer die Zeit nach dem Prozess wird, wahrscheinlich wäre ich doch noch etwas gefügiger gewesen. Als die Zellengenossen und Schließer von der abgelehnten Bürgschaft hörten, hielten sie mich wahrscheinlich für komplett übergeschnappt. Als sie dann hörten, dass Schmidt die Sache übernommen hatte, hatten die meisten nur noch ein bedauerndes Lächeln für mich übrig. Aber wie junge Menschen Gefahren oft nicht realisieren, nahm ich alles nicht so ernst. Ich dachte bei mir: Ich bin doch kein Feigling, nur Diebe, Schläger und Sittenstrolche zittern vor einem Staatsanwalt! Trotz meiner antikommunistischen Prägung hatte ich möglicherweise zu viele melodramatische Russen- und DEFA-Filme gesehen. Wenn ich schon im Knast sein muss, mein-

[46] Als der Autor 35 Jahre später das Protokoll in die Hände bekam, konnte er sich selbst kaum vorstellen, so mit fünfzehn Jahren gesprochen zu haben.

te ich, dann will ich diesen Leuten wenigstens ihre Erbärmlichkeit vorführen. Ich werde ihnen sagen, was ich von ihnen und ihrer Gesellschaft halte und dass ich ihre Ideologie als töricht, primitiv und gewöhnlich betrachte. Mein Auftreten sollte wohl eine Abrechnung mit der Schule, den angepassten Lehrern, den Pionieren, der Direktorin, mit all der Heuchelei, die in diesem Staat normal war, sein. Sicher waren es auch die Gefühle, die in der Zeit der Pubertät bei manchem verrückt spielen, die mich immer dreister werden ließen. Dass dies zur Katastrophe führen musste, hätte mir klar sein können. Aber ist solcher Weitblick von einem Fünfzehnjährigen zu erwarten?

Vor dem Gericht

Am 29. März 1967 war es dann soweit. Einen Tag vor dem Prozess konnte ich die Anklageschrift einsehen. Ich wurde in eine Extrazelle geführt, bekam sogar ein Strafgesetzbuch, um mir Notizen zu machen. Aber ausgehändigt wurden derartige Schriftstücke an Politische nie. Die Anklage lautete auf versuchten gewaltsamen Grenzdurchbruch. Normalerweise hieß es damals Passvergehen. Da man in mir, dem fünfzehnjährigen Bäckerlehrling einen besonders „gefährlichen Staatsfeind" sah, wurde meine Tat zur Gewalttat hochgespielt[47].

In seiner Anklageschrift erklärte Kreisstaatsanwalt Josef Schmid deshalb: „Der Beschuldigte war mit seiner Handlung bereit, die Politik des revanchistischen Staates in Westdeutschland zu unterstützen. Die Werktätigen in der DDR unternehmen gegenwärtig große Anstrengungen, um unseren Staat wirtschaftlich, politisch, kulturell und militärisch zu stärken. Mit Recht sind sie über eine derartige Handlungsweise, wie sie der Beschuldigte begangen hat, empört ... die Hauptverhandlung muß unter anderem darin bestehen, dem Beschuldigten mit aller Deutlichkeit aufzuzeigen, dass eine derartige Handlungsweise, wie er sie begangen hat, in unserem sozialistischen Staat nicht geduldet wird."[48]

Trotzdem dachte ich im jugendlichen Leichtsinn: Mögen andere vor ihm zittern, ich kusche auch vor diesem Mann nicht!

Die Nacht vor dem Prozesstermin überlegte ich, wie ich mich bei Gericht aufführen sollte. Das Gericht sollte zu hören bekommen, wie ich sie verachtete. Gefängnis, auch Untersuchungshaft, sollte den Menschen umerziehen. Bei mir jedenfalls wirkte dies damals nicht. Je länger ich in Haft war, um so mehr verachtete ich die heuchlerischen Anpasser, ganz gleich ob Schließer, Kriminalpolizist oder Justizangestellter. Ich wollte einfach provozieren und ging davon

---

[47] In meinem Fall kam §8 Abs.1 & 2 des Paßgesetzes in Verbindung mit §6 Abs.1 Ziffer b des Gesetzes zum Schutze der Staatsgrenze vom 19.3.1964 zum Einsatz.

[48] Zitat der nach 35 Jahren wieder aufgetauchten Anklageschrift vom 23. Februar 1967.

aus, dass dies bei Gericht möglich war. Auch hoffte ich auf viel Publikum, das meinen Auftritt wahrnehmen sollte. Wie naiv kann man sein, auch wenn einem dieses System schon manche blutige Nase verpasst hatte. Die Mitgefangenen rieten mir: „Halte den Mund, dann kommst du vielleicht mit Werkhof davon." Der Oberwachtmeister, der mich zum Gefängniswagen führte, ermahnte mich auch noch mal: „Junge, benimm dich, dann kommst du vielleicht mit einem blauen Auge davon."

Im Kreisgericht angekommen, sah ich erstmals seit meiner Verhaftung meine Eltern wieder. Dass meine Mutter nur noch geführt gehen konnte, fiel mir kaum auf. Ihre Krankheit, die auch Gleichgewichtsstörungen mit sich brachte, hatte durch meine Haft erheblich an Symptomen zugenommen. Vor dem Prozess kam Herr Mizera, mein Berufsschullehrer, auf mich zu. Er hatte die Aufgabe des sogenannten gesellschaftlichen Beistands[49] übernommen. Er gab mir die Hand und sagte: „Bald bist du zu Hause, Rainer! Nur mach jetzt nicht noch mehr Blödsinn!" Der Prozess begann. Außer dem mir bekannten Staatsanwalt, meinen Eltern und dem Lehrer saßen da der Richter, zwei, in meiner Erinnerung, recht wichtigtuerisch dreinblickende primitive Schöffen und eine Sekretärin. Über allen thronte das Emblem der DDR.

Im Gerichtssaal war kaum Publikum, etwa 10 Personen. Einige Besucher aus der Nachbarschaft fielen mir erst auf, als der Richter zum Beginn die Öffentlichkeit ausschloss. Während alle den Saal verließen, bemerkte ich unter den Hinausgeschickten Pfarrer Sachs, der mich konfirmiert hatte. Ich wusste, dass er bei den Nazis eine Zeit in Haft war. Hätte ich mich vielleicht doch noch einschüchtern lassen, jetzt war es damit ganz vorbei. Irgendwie hat mir die Anwesenheit des alten Pfarrers Mut gemacht. Natürlich ärgerte es mich, dass mir die öffentliche Bühne, für die ich mich präpariert hatte, genommen wurde. Aber die Richter waren da[50]. Dafür können die es ja noch etwas deutlicher hören als in einer öffentlichen Sitzung, tröstete ich mich. Dass ein solcher Auftritt bei diesen Opportunisten nichts einbringt, hätte ich wissen müssen, aber auch das schob ich in meiner jugendlichen Naivität von mir.

Nach den üblichen Formalien und dem Verlesen der Anklageschrift wurde ich vernommen. Mehr routinemäßig als wirklich interessiert, fragte mich der Richter, was denn einen jungen Menschen, der die Vorzüge der sozialistischen Schulerziehung durchlaufen habe, bewegen könne, in den Westen zu gehen.

---

[49] Die Aufgabe des gesellschaftlichen Vertreters oder auch gesellschaftlichen Anklägers übernahmen Nichtjuristen. Meist waren es, anders als in meinem Fall, Helfershelfer der Anklage, die den Angeklagten noch größere Probleme machten, als er ohnehin hatte.

[50] In meinem Fall waren es Richter Wahren als Gerichtsvorsitzender und als Schöffen die Angestellte Frau Hoffmann und der Schmelzer Voigt.

Dort gäbe es doch nur Arbeitslosigkeit und es herrschten die alten Nazis. Schöffe Voigt pflichtete ihm bei, indem er sagte, dass Adenauers Familie in ihren Fabriken die arbeitende Bevölkerung ausbeute und auch ich als Arbeiterkind ein Sklave der Großkonzerne geworden wäre. Nun sollte ich reden. Und ich hatte mir eine Rede zurechtgelegt. Natürlich war das, was ich jetzt sagte, keine tiefe Überzeugung. Denn dazu hätte Wissen gehört, was ich zu diesem Zeitpunkt so noch nicht haben konnte.

Ich hatte in der Nacht vorher einfach überlegt, womit ich das Gericht am meisten provozieren könnte.

„Ich wollte ja auch im Westen Veränderung" erklärte ich den Richtern.

„Wie meinen Sie das?", fragte der Staatsanwalt.

„Ich wollte mich für die einzig richtige Ordnung, für eine Monarchie unter Otto von Habsburg[51] einsetzen", verkündete ich im Brustton der Überzeugung. Zwar habe ich auch in meinen vorherigen Verhören davon geredet, dass ich eine Monarchie für besser halte als die DDR, aber jetzt schlug der Satz wie eine Bombe ein.

„Was wollen Sie", fragte der Richter verblüfft, „einen König?"

„Nein, nicht irgend einen, den einzig rechtmäßigen, Dr. Otto von Habsburg. Ich trete für eine deutsch-österreichisch-ungarische Monarchie ein."

Diese wirren, und in der eigenen Rückschau kurios wirkenden Sätze, hatten über meine nächsten Jahre entschieden, das war klar.

Hätten die Richter ein wenig Ahnung von Jugendpsychologie gehabt, hätte ihnen klar sein müssen, dass sich hier ein am Anfang der Pubertät stehender Junge aufspielen wollte. Aber nein, Staatsanwalt, Richter und Schöffen waren überzeugt, einen echten Klassenfeind vor sich zu haben. Und noch dazu einen Monarchisten. Der Sache musste auf den Grund gegangen werden.

Eigentlich wusste ich nicht viel über die Königshäuser.

Das Einzige, was mir bekannt war: Es müsse da einen Otto von Habsburg geben, der heute Kaiser des „Heiligen Römischen Reiches Deutscher Nation" wäre, bestände die Ordnung von vor den Napoleonkriegen[52] noch.

---

[51] O.v.H. geb.1912 und Sohn des letzten österreichisch-ungarischen Kaisers. O.v.H. war Europapolitiker und vertrat die CSU im Straßburger Europaparlament.

[52] Nominell bestand das Heilige Römische Reich Deutscher Nation bis 1803. Defakto aber hatte der Kaiser kaum noch Einfluß auf die Gebiete der Deutschen Fürsten. Auf

Auch war mir dieser Thronfolger deshalb bekannt, weil meine Großmutter einmal den Namen genannt hatte. Ihre Heimat, das Sudetenland, gehörte bis 1918 zur k.u.k.-Monarchie.

Wichtigtuerisch erklärte ich den unwissenden Anwesenden im Gerichtssaal, dass das Heilige Römische Reich deutscher Nation nur auf Druck des französischen Erbfeindes aufgelöst wurde. Das sei Völkerrechtsbruch gewesen. Deshalb müssten die Habsburger wieder diese Krone bekommen. Um meine Kompetenz zu beweisen, erklärte ich dann noch, dass die Preußen nur wegen des napoleonischen Unrechtes Deutsche Kaiser werden konnten. Da den Habsburgern die Krone des Heiligen Römischen Reiches zustände, hätten sie das ältere Recht.

Natürlich hatten Staatsanwalt, Richter und Schöffen von diesem Thema noch weniger Ahnung als ich, sonst hätten sie leicht bemerkt, was ich für widersprüchliches Zeug redete und wie ich teilweise Personen, Zusammenhänge und Namen durcheinander brachte. Aber nein! Jetzt hatten sie endlich die Chance, den Klassenfeind in Form des letzten „monarchistischen Konterrevolutionärs" zu entlarven.

Manchmal fragte ich mich später, und mancher Bekannte fragte mich ebenfalls, weshalb ich derartig abwegige Gedanken von mir gab. Ich mußte doch wissen, was das für Konsequenzen haben wird.

Ich kann es mir nur damit erklären, dass ich den Wunsch hatte, diese Kommunisten, die mich seit der Schulzeit drangsaliert und gedemütigt hatten, absolut zu provozieren.

Mein Lehrer war während meiner Aussagen der Verzweiflung immer näher gekommen. Hatte er doch unter der Hand mit dem Richter vereinbart, die Bürgschaft nochmals aufleben zu lassen, um mich doch noch frei zu bekommen.

Nachdem ich einige Minuten meine monarchistischen Spekulationen von mir gegeben hatte, wurde ich unterbrochen. Mit lauter Stimme verlangte mein Lehrer eine sofortige Unterbrechung der Sitzung. „Ich hatte gegen jedes Recht und Gesetz keine Möglichkeit mit meinem Schüler zu reden. Lassen Sie mich mit ihm sprechen, sonst lege ich mein Amt als gesellschaftlicher Verteidiger sofort nieder." Heute denke ich, er war der einzige klar denkende Mensch im Raum. Ja er war einer der gütigsten und mutigsten Menschen, die mir in der DDR begegnet sind. Dieser alte Lehrer hatte aus Sympathie für mich seine Stellung aufs Spiel gesetzt. Und seltsamerweise setzte er sich durch. Trotz Einspruchs des Staatsanwaltes gab der Richter nach.

Druck Napoleons legte der damalige Österreichische Kaiser die Reichskrone ab. (Reichsdepotationshauptschluß, 25.2.1803).

In der Pause sah mich Herr Mizera mit feuchten Augen an und sagte: „Was bist du für ein blöder Heini! Ist dir denn nicht klar, dass du dich mit deinen Reden für lange Zeit ins Gefängnis bringst?“ Nach kurzer Pause: „Wir müssen sehen, was noch zu retten ist.“ Nun versuchte er eine Strategie festzumachen: „Du entschuldigst dich beim Richter für deine Arroganz, das macht Eindruck. Und wenn du noch ein Wort vom Kaiser sagst, haue ich dir alle Akten mitsamt meiner Tasche um die Ohren.“ Diese kameradschaftlichen und nüchternen Worte brachten mich irgendwie auf den Teppich zurück. Herr Mizera wusste, wie mein Auftreten zu werten war. Ihm war natürlich klar, dass ich nicht das Geringste mit einer vor 160 Jahren untergegangenen Monarchie zu tun hatte. Er, der jahrzehntelang Schüler in diesem Alter unterrichtete, wusste, dass sich ein Fünfzehnjähriger gern aufspielt und natürlich auch Ältere provoziert. Ohne ihre kommunistische Verblendung hätten alle Anwesenden merken müssen, dass sich hier ein oft verletztes, durch den Staat und seine ideologisierte Schule zum Außenseiter gestempeltes Kind versuchte, zu artikulieren. Aber solch differenziertes Denken war der Terrorjustiz der DDR fremd. Sie sahen nur den Klassenfeind, der in die Knie gezwungen werden musste. Zu wie viel Dummheit können kommunistisch geprägte Richter fähig sein?

Nach der Pause nahm ich mich zurück. Irgendwie war mir klar, dass ich es übertrieben hatte. Sowohl mein Vater, der zu Wort kam, wie auch mein Lehrer taten, was sie konnten, um mir aus der entstandenen Klemme zu helfen. Aber es war nicht mehr an Rettung zu denken. „Hier hilft nur noch konsequente Umerziehung durch die Arbeiter- und Bauernmacht. Der Angeklagte muss vom Einfluss der westlichen Ideologie über Rundfunk und Fernsehen abgehalten werden. Nur so besteht Hoffnung, dass er zu einem brauchbaren Mitglied unserer humanistischen Gesellschaft wird. Ich beantrage 14 Monate Haft.“

Wahrscheinlich blieb dem Richter auch nichts anderes übrig. Wie beantragt, wurde am Nachmittag das Urteil ausgesprochen. Ich hatte mich um die schon greifbare Freiheit geredet. Wahrscheinlich war ich in jener Zeit der Jüngste, der in der DDR wegen Republikflucht zu einer Haftstrafe verurteilt wurde. Die meisten in dem Alter kamen mit Werkhof oder einer andren Erziehungsmaßnahme davon.

Wenn ich heute an die makabere Veranstaltung in diesem Gericht zurückdenke, bin ich zwar der Meinung, dass meine Auslassungen sehr unrealistisch und abwegig waren. Dass es aber möglich war, dass solch „schreckliche Juristen“[53] wie mein Staatsanwalt oder Richter und solche verblendeten Leute, wie die Schöffen, ein Kind als Klassenfeind verurteilten, war nicht nur ideologische

---

[53] Ausdruck des Schriftstellers Rolf Hochhuth für frühere NS-Richter.

Dummheit und Verblendung, es war ein Verbrechen an der Seele eines Heranwachsenden[54].

Die Urteilsbegründung warf mir nicht nur die Republikflucht, den Anlaß der Strafe vor, sondern prangerte mich an, den Wehrdienst in der DDR infrage zu stellen, Otto von Habsburg als Vorbild zu haben und die Bundesrepublik als einzigen rechtmäßigen deutschen Staat anzusehen. Der Richter erklärte: „Die Verbrechen des KZ-Baumeisters Lübke[55] und die veröffentlichten Dokumente hierüber werden von ihm infrage gestellt. Aus all dem ergibt sich, dass der Angeklagte bereits während seiner Schulzeit mit ideologischem Unrat in Berührung gekommen ist, und dass die ganze feindliche Ideologie des Bonner NATO-Staates tiefe Wurzeln in seiner gesamten Denkweise hinterlassen hat."[56]

Der Prozess hatte Konsequenzen

Neben dem Urteil von 14 Monaten Freiheitsstrafe hatte mein Prozess natürlich noch weitere Konsequenzen. Schon in der Pause zwischen Verhandlung und Urteil bekam ich die ersten Folgen zu spüren. Ich wurde in Einzelhaft gesteckt.

Der sogenannte Stationsleiter, ein Leutnant, begrüßte mich schon hinter der Gittertür zum Zellentrakt wutentbrannt: „Untersuchungsgefangener Wagner, Sie halten gerne Reden. Nun, das werden wir Ihnen austreiben. Sicher sind einem Menschen Ihrer Abstammung mit `blauem Blut´ in den Adern solch einfache Arbeiter wie die anderen zu primitiv. Für so gebildete Menschen wie Sie haben wir Einzelzimmer." Ich durfte meine Zelle überhaupt nicht mehr betreten. Die bisherigen Zellengenossen hatten meine Sachen zu packen. „Sie werden noch erleben, was sozialistische Erziehung ist", war sein letzter Satz, dann beförderte mich der Leutnant, der in seiner Klassenehre beleidigte Kommunist, mit einem Stiefeltritt in die Einzelzelle.

Sofort wurde eine Zeitungs- und Buchsperre verhängt und jeder Besuch wurde bis auf weiteres verboten; und selbstverständlich durfte ich auch keinen Monatsbrief schreiben und keine Post empfangen. Was Buchsperre ist, das wurde mir in den nächsten Wochen klar.

---

[54] Seit Mai 2002 bekommen frühere DDR Richter und Staatsanwälte nun ähnlich hohe Pensionen, als hätten sie in der Bundesrepublik das gleiche Amt inne gehabt. Viele Ihrer Opfer leben am Existenzminimum.

[55] Die Stasi der DDR hatte gefälschte Dokumente vorgelegt durch die der damalige Bundespräsident Heinrich Lübke als KZ-Baumeister gestempelt wurde. Später stellten sich die Dokumente als Fälschungen heraus.

[56] Zitat aus der Urteilsbegründung des Kreisgerichts Weißenfels vom 10.4.1967.

Auch in der schlimmsten Isolation gab es doch immer eine Ablenkung, das Lesen. Die teilweise recht guten Bücher der Gefängnisbibliothek führen einen für Stunden in die Freiheit. Möglicherweise waren es, neben einigen jugendlichen Phantasien, die vorher gelesenen Bücher „Der Spieler“, „Krieg und Frieden“ oder auch „Dr. Faustus“, die mich zu meinen monarchistischen Äußerungen verleitet hatten. Vor meiner Haftzeit hatte ich nie ein Buch vollständig gelesen. Hier im Gefängnis wurde ich, sicher auch aus Mangel anderer Abwechslung, zum Freund anspruchsvoller Literatur. Aber mit diesen Ausflügen in eine andere Welt war es jetzt erst einmal vorbei.

Nach wenigen Tagen schon dachte ich, dass mir die Decke auf den Kopf fällt. Die einzige Ablenkung, die ich in den nächsten Wochen hatte, war ein kurzes vierzeiliges Gedicht. Irgend ein vorheriger Leidensgenosse hatte die Zeilen in die Wand eingeritzt. Es schilderte seinen Gemütszustand, der sich aber auch mir so eingeprägt hat, dass ich es nach über 35 Jahren noch auswendig kenne.

„Ich dacht, ich würd’s nicht tragen.
Ich dacht, ich ertrüg es nie.
Dann hab ich’s doch getragen:
Aber frag mich nur nicht wie!“

Eigentlich war diese Beugehaft gar nicht sehr lange. Vielleicht drei oder vier Wochen. Aber sie hatte mich total zerschmettert. Die Tage schlichen dahin. Und sicher habe ich tausendmal bereut, bei Gericht den Helden gespielt zu haben. Trotz allem muss ich mir bei einigen Schließern einen gewissen Respekt erworben haben. Als der Stationsleiter mehrere Tage frei hatte, steckte mir ein Kalfaktor, unter den Augen des diensthabenden Schließers, ein Buch zu. Selten habe ich ein Buch als eine solche Wohltat empfunden wie in den nächsten Tagen. Interessanterweise war es ein Buch über einen jüdischen Ghettoaufstand während der Hitlerzeit. Die Inhaftierten hatten keine Chance. Aber durch ihre Tat bewiesen sie, dass sie nicht nur Vieh waren, mit denen andere tun konnten, was sie wollten. Ob mir der Kalfaktor oder der Wachtmeister damit etwas sagen wollte? Ich weiß es nicht. Als der Leutnant wiederkam, wurde die Isolation in ursprünglicher Schärfe fortgesetzt.

Mein Fall muss allgemein viel Aufsehen erzeugt haben. Später merkte ich, dass wohl die ganze U-Haftanstalt erfahren hatte, dass ich bei Gericht nicht den Mund gehalten hatte.

Endlich „Strafer“

Einige Wochen nachdem mein Urteil rechtskräftig war, wurde ich dann zu den „Strafern“ verlegt. Unter „Strafer“ verstanden wir damals Abgeurteilte. Ihre korrekte Bezeichnung war Strafgefangene. Die Strafhaft war in mancher Hinsicht leichter als die Untersuchungshaft. Die Zellentüren waren nicht den ganzen Tag verschlossen. Zeitweise konnten wir den Gang betreten. Einmal in der Woche gab es sogar Fernsehen oder Kino. In Naumburg gab es sogar regelmäßigen Gefängnisgottesdienst, der freilich von einem dem sehr staatshörigen Pfarrer Günther gehalten wurde. Er war aktiver Parteifreund in der Ost-CDU und stand unter den Häftlingen in Verdacht, IM der Stasi zu sein. Einmal nahm ich daran teil.

Das Angenehmste aber für mich war: Ich durfte arbeiten. Als Jugendlicher wurde ich mit sehr alten Herren zusammen zum Strümpfestopfen abkommandiert. Ich muss in Naumburg Tausende Socken gestopft haben. Aber auch eine derartig ungeachtete Arbeit wurde mir köstlich, nachdem ich monatelang auf wenigen Quadratmetern zum Nichtstun verurteilt und in Isolation gehalten worden war. Während der ersten Tage bei dem Strümpfestopfen wurde mir klar, dass Arbeit dem Leben einen gewissen Inhalt gibt. Seit der Inhaftierung in Naumburg ist es mir unmöglich anzunehmen, dass ein Leben ohne Arbeit angenehm sein könnte. Straßen kehren und Toiletten putzen gibt mehr Sinn und Inhalt in das Leben als Schmarotzertum und Faulenzerei.

In meinen nun anbrechenden letzten Wochen im Naumburger Gefängnis hatte ich dann eine interessante Begegnung. Ich wurde mit Günter Hass, einem Wehrdienstverweigerer, in die Zelle gelegt. Er war ein junger evangelischer Theologiestudent. Auch ich verstand mich ja als Christ. Aber letztlich war ich doch nur ein zu früh mit den Schattenseiten des Lebens konfrontierter Teenager.

Auch wenn ich hin und wieder recht religiös redete, hatte ich doch bis zu dieser Zeit nie wirklich erlebt, dass der Glaube an Gott Kraft für das persönliche Leben geben kann. Diesem jungen Mann wurde die Möglichkeit der Freilassung angeboten. Er hätte sich nur zu den Bausoldaten[57] melden müssen. Aber er war fest davon überzeugt, dass er weder einen Eid leisten, noch dem Militär irgendwie Hilfsdienste tun dürfe. Sicher hätte mancher die Chance genutzt, als Bausoldat in die Freiheit zu kommen. Aber er wusste, dass dies nicht sein Weg sein sollte. So hielt er trotz täglicher Probleme und Anfechtungen durch. Dabei konnte er nicht einmal sicher sein, ob er nicht direkt nach der Verbüßung seiner 22 Monate Haft erneut einen Einberufungsbefehl erhalten würde und dann erneut ins Gefängnis müsste. Ich war nur eine Woche mit ihm zusammen, aber das kameradschaftliche Miteinander und die saubere Atmosphäre, mit ihm gemeinsam in der Zelle zu sein, taten mir gut. Endlich ein Mensch, über dessen Lippen nicht nur Klagen, Verbitterung und schmutzige Zoten kamen. Irgendwie

---

[57] Seit 1964 gab es in der DDR waffenlose militärische „Baueinheiten", die im Rahmen der NVA Dienst taten.

merkte ich schon in den Tagen, dass auch mich solch ein Glaube durchs Leben tragen könnte. Ich erfuhr von ihm, dass man von der Haftanstalt eine Bibel[58] bekommen könne und nahm mir fest vor, darauf zurückzugreifen.

Jugendgefängnis

Wenn man vom Jugendgefängnis oder wie es in Dessau hieß, Jugendhaus, hört, denkt man, dass es dort kaum so schlimm wie in einem regulären Gefängnis sein könne. Aber ich wusste schon vor meiner Verlegung, dass diese Vorstellung, zumindest was die Verhältnisse in der DDR angeht, ein Irrtum ist. Die sogenannten Vergünstigungen, die wir Erwachsenen, oder wie wir sagten „Altstrafern“, gegenüber hatten, waren rein äußerlicher Art. So wurden wir nicht mit dem Titel „Strafgefangener“, sondern mit der freundlicher klingenden Bezeichnung „Jugendlicher“ angeredet. Außerdem hatten wir auf der Exerzierkleidung keine gelben Streifen, was im normalen Strafvollzug üblich war. Ansonsten ging es im Jugendgefängnis eher härter zu als im sonstigen Strafvollzug. Der Umgang unter den Gefangenen war rauher, weil die Älteren, die ja manchmal doch etwas ausgleichend und bei Meinungsverschiedenheiten vermittelnder wirken, fehlten.

Vor allem aber gab es durch die Schließer, die im Jugendknast Erzieher genannt wurden, und im Jugendhaus immer Offiziere waren, einen viel strengeren Drill als in einem Straflager.

Sonntag für Sonntag ging es im Gleichschritt oder Exerzierschritt meist 6 bis 8 Stunden immer um den Appellplatz. Das Gleiche spielte sich mittwochs und oft auch samstags ab. Die Zimmerordnung wurde in einer solchen Schärfe durchgeführt, dass der Alte Fritz seine Freude gehabt hätte. Päckchen bauen mit Kleidung. Hosen in Reih und Glied waren nur einige von vielen Repressionen. Wehe, ein Einziger aus der jeweiligen Gruppe spurte nicht so genau, wie es die Erzieher wollten, dann wurde die ganze Gruppe mit stundenlangem Strafexerzieren geschunden.

Was er dann von den anderen zu ertragen hatte, lässt sich denken. Im sozialistischen Strafvollzug nannte man so etwas Gruppenerziehung.

Wachtürme mit Posten, die jederzeit bereit waren, eventuelle Fluchtversuche auch mit einem tödlichen Schuss zu verhindern, gehörten dazu. Der Arrest im Jugendgefängnis war mit Sicherheit dem im Zuchthaus „Gelbes Elend“ in Bautzen vergleichbar. Nachts jaulten die scharfe Hunde, die an langen Laufllei-

[58] Ein einziges Mal ist es mir, nach sehr komplizierten Beantragungsverfahren gelungen, im Jugendhaus Dessau für eine halbe Stunde eine Bibel in einer Einzelzelle in die Hände zu bekommen.

nen einen etwa 8 m breiten Streifen vor den taghell beleuchteten Gefängnismauern entlang liefen.

Obwohl zwischen Naumburg und Dessau nur 130 km liegen, dauerte der Transport dorthin über eine Woche. Um Kosten zu sparen, gab es nur dann Verlegungen, wenn sich eine bestimmte Zahl Gefangener angesammelt hatte, die in die gleiche Richtung gefahren werden mußten. Irgendwann waren wir etwa 20 Personen, die Richtung Halle fuhren. Mit der Grünen Minna ging es durch meine Heimatstadt Weißenfels über Merseburg nach Halle. Selbst wenn ich aus den winzigen Fenstern im Gefängnistransporter nur Teile von bekannten Straßen oder Häuserzügen sah, zu denen ich natürlich nicht kommen konnte, beschlich mich eine starke Wehmut. Zwar habe ich die Reinlichkeit in der Naumburger Untersuchungshaft immer als schikanös empfunden. In Halle aber hätte es wenigstens ein Quentchen davon geben können. Eine derart schmutzige Transportzelle wie dort habe ich noch nie erlebt.

Mit etwa 25 Personen kamen wir in einen Kellerraum von max. 30 qm. Die sehr niedrigen Betten waren dreistöckig. Einige Betten mussten doppelt belegt werden und ein paar Gefangene schliefen unter dem Bett bzw. unter den zwei Tischen, direkt vor den Kübeln für die Notdurft. Der ganzen Gruppe standen drei Kübel zu Verfügung, die bereits in der Nacht überliefen. Dies war wohl immer so, denn der Gestank nach Urin steckte förmlich im Fußboden und Mauerwerk. Im Raum gab es nur ein einziges mit Glasziegeln vermauertes Fenster. Auch tagsüber musste die Lampe brennen. Damit etwas Luft herein kam, waren drei der Glasziegel aus dem Fenster herausgebrochen. Der Dreck auf dem Fußboden, das Ungeziefer in den Matratzen und der Gestank der Kübel waren katastrophal. Eine halbe Stunde, nachdem wir die Zelle bezogen hatten, bekam ein Mitgefangener, der sich im Krieg Malaria zugezogen hatte, einen Anfall. Wir dachten, er würde sterben. Es dauerte nach meinem Eindruck eine halbe Ewigkeit, bis er endlich herausgeholt und ins Krankenrevier verlegt wurde.

Freistunde gab es in der ganzen Woche, in der ich hier war, nur zwei Mal. Wir marschierten in einer Art Käfig von etwa 10 x 4 Metern, der auch von oben mit Maschendraht abgesichert war.

Wir hatten hier absolute Ruhe vor den Schließern. Diese betraten die „Verwahrräume" wohl aus Angst vor irgendwelchem Ungeziefer oder Ansteckung mit Krankheiten nicht. Wenn etwas zu erledigen war, taten sie es vor der Zellentür.

Eines wusste ich: Wenn ich Halle hinter mir habe, kann es nur besser werden. Nach etwa 8 Tagen hatte sich dann wieder ein Transport in Richtung Straflager Bitterfeld und Jugendhaus Dessau angesammelt. Täglich gab es Zugänge und Abtransporte in der Durchgangszelle in Halle. Ein bisschen flau war es mir schon im Magen, als es nach Dessau ging. Wenn ich an all die Berichte über das brutale Verhalten der Erzieher in Dessau dachte, die in vielen Knasts bekannt waren, machte ich mir schon Sorgen. Im Grunde war es aber noch schlimmer als alles, was ich vorher gehört hatte. Da aber nie jede Schikane und jede Brutalität auf einen zugleich zukommt und irgendwie auch ein Gewöhnungsprozess unter solchen Verhältnissen eintritt, durchstand ich auch die nächste Zeit.

Zuerst einmal ging es in die Eingangsgruppe. Leutnant Leisering war hier Gruppenleiter. Er galt als der schärfste Schinder des Hauses. Als die jugendlichen Häftlinge im Herbst 1966 zu einem Ernteeinsatz abkommandiert wurden[59], hatten sie einige Pflaumenbäume am Rand des Kartoffelfeldes erspäht. Sie nutzten die Gelegenheit, um von den bereits abgeernteten Bäumen einige noch verbliebene Früchte zu pflücken. Teilnehmer dieses Einsatzes berichteten davon. Wie von der Tarantel gestochen schrie Leisering zum Anstaltsleiter: „Herr Major, Herr Major, darf ich schießen?" Ohne jeden Skrupel hätte dieser „feine" Erzieher 16- bis 18-jährige Buben vom Baum geschossen. Dies alles wegen einer geringfügigen Disziplinverletzung.

Während der ersten Woche führte er uns in all den Anstaltsdrill ein, den man später zu kennen hatte. Hier in Dessau gab es etwas, was mir bis dahin neu war. Während des Exerzierens gab es einige, die davon befreit blieben. Sie saßen auf einer Bank am Rande bzw. in der Mitte des Exerzierplatzes. Mit Sicherheit hätte auch derjenige, dem der Drill am schwersten fiel, mit ihnen nicht tauschen wollen. Wir nannten die Bank nur die Krüppelbank. Hier saßen die, die beim Versuch, die DDR zu verlassen, auf eine Mine getreten waren und Fuß oder Bein verloren hatten. Was war mir doch erspart geblieben! Auch bemerkte ich bald, dass es ausgesprochen viele andere Versehrte gab. Vielen jungen Männern fehlten Finger, oft alle Finger an einer Hand. Bald erfuhren auch wir Neuen den Hintergrund. Die so Verkrüppelten arbeiteten in einem Außenkommando. Sie hatten in den Dessauer Gasgerätewerken, der früheren Firma Junkers, altersschwache Blechstanzen und Pressen zu bedienen. Die Zivilbeschäftigten dieses volkseigenen Betriebes weigerten sich, an diesen Maschinen zu arbeiten, weil es auch bei routinierten Arbeitern immer wieder schwere Unfälle mit dem Verlust von Gliedmaßen an den Händen gab. Da der Betrieb keine neuen Pressen kaufte, wurde eine Abteilung Jugendlicher vom Jugendhaus dafür abkommandiert. Bei denen kam es auf ein paar verlorene Finger nicht an. Wie froh war ich, als

---

[59] Wenn die Landwirtschaftlichen Produktionsgenossenschaften (LPG) im Verzug bei Erntearbeitern waren, forderten sie manchmal Häftlinge an. Unter schärfster Bewachung wurden die Arbeiten dann ausserhalb der Haftanstalt durchgeführt. Bei den Gefangenen waren Ernteeinsätze beliebt, da es dann LPG Essen gab, was besser als das Gefängnisessen war.

ich einer Drehergruppe[60], die im Gelände der Haftanstalt arbeitete, zugeteilt wurde. Hier war die Hoffnung größer, halbwegs gesund nach Hause zu kommen. Aber auch da hatte ich mich etwas geirrt. Zwei Monate nach meinem Einzug in Dessau wurde ich Stammgast im Krankenrevier. Wie viele andere habe ich eine Form der Wundrose bekommen, die zu riesigen Geschwüren an Armen und vor allem an den Beinen führte. Der Sanitäter sagte offen, das liege an der Ernährung. Nun ja, die war ein Problem für sich.

Rotlichtbestrahlung hinter Gittern und ihre Konsequenzen

Wöchentlich gab es in Dessau außerhalb der Arbeitszeit Politunterricht. Meist wurde da die übliche langweilige Propaganda heruntergespult.

Doch einmal wurde es aktuell. Es ereignete sich im Nahen Osten der Sechs-Tage-Krieg zwischen Israel und den mit der DDR verbündeten arabischen Staaten[61]. Den Politoffizieren gelang es hin und wieder, so etwas wie ein scheinbares Vertrauensverhältnis zu uns Jugendlichen aufzubauen. Diese Stasi-Leute[62] verstanden wohl ein wenig mehr von Psychologie als die sonstigen Erzieher. Allerdings diente dieses Vertrauen zu nichts anderem als zur Ausspionierung der Gefangenen. In der Diskussion um Israels militärische Erfolge wurde Israel als faschistischer Aggressor dargestellt. „Die Juden haben im Auftrag der amerikanischen Imperialisten den Arabern das Land weggenommen", war die Linie der Partei. Waren die Juden auch einst unter den Nazis Verfolgte, so hatten sie doch nie einen richtigen Klassenstandpunkt. Deshalb sei ihr Staat jetzt Handlanger der Imperialisten und die Juden selbst hätten die Methoden Hitlers kopiert und gegen die fortschrittlichen Völker der arabischen Welt eingesetzt.

Nachdem unser Politoffizier, ein Unterleutnant der VP und STASI IM, seine antisemitischen Gedanken vorgebracht hatte, ließ ich mich zum Widerspruch provozieren: „In der Bibel steht doch, dass den Juden das Land schon vor den jetzigen Arabern gehörte", erwiderte ich dem Offizier. Es gab einen kleinen Wortwechsel. Der Unterleutnant wollte mich überzeugen, hatte aber nur recht schwache Argumente. Von Stunde an hatten die Mitgefangenen einen gewissen

---

[60] Im Jugendhaus gab es Gruppen, die für einen Elektrobetrieb arbeiteten, und eine Gruppe, die in einer Metallwerkstatt an Fräsen, Bohrmaschinen und Drehbänken arbeiten.

[61] Nachdem die Ägypter die UN Friedenstruppen aus dem Gazastreifen auswiesen, kam es zum 3. Israelisch-Arabischen Krieg, der mit einer verheerenden Niederlage der Arabischen Staaten endete. Er dauerte vom 5.-11. Juni 1967.

[62] Neben den Volkspolizisten, die im Strafvollzug ihren Dienst taten, gab es Mitarbeiter des Ministeriums für Staatssicherheit (STASI) in jeder Einrichtung.

Respekt vor mir. Den Mut, einem Politoffizier zu widersprechen und bei der Meinung zu bleiben, hatten ja nur wenige.

Später erfuhr ich, dass gerade dieses Ereignis wieder bedeutende Konsequenzen für mich nach sich zog. Mein Berufsschullehrer, der immer noch hoffte, mich aus dem Gefängnis heraus holen zu können, hatte mit der Staatsanwaltschaft vereinbart, dass ich im August auf Bewährung frei komme. Dann hätte ich das neue Lehrjahr gemeinsam mit den anderen beginnen können. Nach dieser Diskussion war alles vorbei. Der Stasi-Erzieher schickte seinen Bericht an die vorgesetzte Stelle. Der kommunistische Antisemitismus brachte mir die Ehre ein, nun nicht nur als „Möchtegern-Monarchist", sondern auch noch als Freund „faschistischer Zionisten" meine Haft bis zur letzten Stunde verbüßen zu dürfen.

Auch andere Bedienstete des Jugendgefängnisses meinten, den Sechs-Tage-Krieg als Erziehungsmittel nutzen zu können. Da wir noch Jugendliche waren, hatten wir, neben der Arbeit in den Kommandos, noch regelmäßig Unterricht. Es gab dafür eine Schule im Jugendgefängnis. Der Stasi-Leutnant, bei dem wir Deutsch hatten, hielt eine flammende Rede gegen den zionistischen Aggressor. Höhepunkt war die Aussage: „Sollte es bei uns einmal brenzlig werden, und ich etwas zu sagen haben, dann würde ich in jeder Stadt zehn von eurer Sorte erschießen lassen. Schon wäre das Problem mit möglichen Saboteuren und feindlichen Agenten erledigt. Keiner von ihnen würde sich aus seinem Loch wagen." Solch hasserfüllte Äußerung vor 15- bis 17-jährigen betroffenen Schülern! Das ging doch vielen von uns sehr an die Nieren. Wir beschwerten uns beim Parteisekretär der Schule. Der Deutschlehrer musste sich daraufhin etwas zurücknehmen. In unserer Gruppe hatte er auch keinen Deutschunterricht mehr zu erteilen[63].

Allerdings bekamen wir es dann beim Exerzieren zu spüren, was er weiter mit uns durchzuführen hatte. Natürlich piesackten uns auch einige seiner Freunde später mit mancherlei Schikanen.

Wer wegsieht, macht sich schuldig

Eine der grausamsten Erfahrungen meines Lebens kam dann Ende Juli 1967 in Dessau auf mich zu.

Der Satz „Wer wegsieht, macht sich schuldig" wurde oft in der DDR als phrasenhafte Floskel benutzt, um irgendwelche politischen Ziele durchzusetzen. In

---

[63] Wahrscheinlich wollte der Parteisekretär größeren Einfluß auf die Jugendlichen, deshalb kam er ihnen entgegen. Auch er war IM.

Dessau erlebte ich allerdings, dass etwas dran ist. Die Erinnerung an jenes Ereignis erfüllt mich heute noch mit Betroffenheit und einem immer wieder belasteten Gewissen.

Die Drehergruppe, der ich zugeteilt war, bekam einen Zugang. Ein etwas schmächtig wirkender Milchbubi betrat unseren Verwahrraum. „Warum bist du hier?“, war die übliche Frage des Gruppenältesten. „Pass“, kam als kurze Antwort. „Pass“ war die Kurzbezeichnung für Passvergehen. Passvergehen war die damals übliche juristische Bezeichnung für Republikflucht. Zuerst einmal war die Sache geklärt. Mehr als 25 % der Jugendlichen saßen wegen „Pass“ oder waren Mischtäter[64], also Kriminelle, die sich nach erfolgter Straftat durch Republikflucht der Strafverfolgung entziehen wollten. Durch das seltsame Benehmen des Jungen wurde aber bald klar, dass mit ihm irgend etwas nicht in Ordnung war. Langsam sickerte etwas durch. Detlef, so war sein Vorname, war nicht wegen versuchter Republikflucht hier. Irgend eine sexuelle Abartigkeit hatte ihn ins Gefängnis gebracht. Er redete nicht darüber. Doch sein seltsames Benehmen deute ich heute damit, dass er wohl auch psychisch nicht ganz auf der Höhe war. Kaum wurde bekannt, was er möglicherweise für ein Bursche war, rückte er in der Hackordnung des Knastalltags an die unterste Stelle. „Switly“ wurde sein Spitzname. Dieser Name war der Name eines Sickergrubenreinigers aus einem damals populären englischen Humorfilm. Switly machte bald den Butler für alle Chefs. Unter Chefs verstanden wir die kleine Gruppe durch Geschicklichkeit, Geschäfte oder Kraft, in der Knasthierarchie ganz oben stehender Ganoven. Durch sadistische Schikanen wurde Switly bald derart eingeschüchtert, dass er die Chefs für alles und jedes um Erlaubnis bat. Er hatte ihnen die Betten zu bauen, musste ihre Schuhe putzen und für jede Niederträchtigkeit dieser oft sadistischen Kerle zur Verfügung stehen. Einmal ließ man ihn sich, zum Ergötzen der anderen, einen Mantelknopf an die Backe annähen. An einem sehr heißen Sonntagnachmittag besuchten wir einen sowjetischen Propagandafilm in der Turnhalle. Danach hatten wir die Vergünstigung, dass wir nicht exerzieren brauchten, sondern mit unseren Schemeln und freiem Oberkörper auf dem Appellplatz sitzen und uns unterhalten durften. Wer immer in vergleichsweise dunklen Zellen sitzt, hat förmlich Hunger nach Sonne und Licht. Detlef musste austreten. Natürlich war klar, dass der Erzieher die ganze Gruppe ins Haus kommandieren würde. Er konnte die anderen ja nicht unbeaufsichtigt lassen, um einen Gefangenen bis zu den Toiletten durchzuschließen. Dass wir dann nicht erneut raus durften, war auch sicher. Detlef wagte nicht, sich zu melden. Dann kam es, wie es kommen musste. Als wir etwa zwei Stunden spä-

---

[64] Unter Mischtätern verstand man Kriminelle, die neben ihrer Straftat noch politisch motivierte Bestrafungen bekamen, z.B. Diebe, die sich durch Republikflucht der Festnahme entziehen wollten.

ter im Gruppenraum waren, bemerkten wir bald einen üblen Gestank. Natürlich: Switly hatte in die Hosen gemacht. Der Gruppenälteste[65] rief durch Schlagen der Signalklappe den diensthabenden Unterleutnant. Nach Entgegennahme der Meldung sagte dieser süßlich lächelnd zu zwei der bekannten Chefs: „Schrubbt ihn!" Sie ließen sich dies nicht zweimal sagen. Sie führten ihn in den Waschraum und spritzen ihn mit einem Wasserschlauch, aus dem etwa 60 Grad heißes Wasser kam, ab. Der so Misshandelte schrie, dass man es durch das ganze Haus hörte.

Ein in der Nähe weilender Stationsleiter, ein Oberleutnant, bemerkte den Vorgang, griff sofort ein und schlug die beiden Folterer mit dem Gummiknüppel[66] nieder. Dies befreite Switly aus der schrecklichen Situation und schützte ihn vor zu großen äußeren Folgen. Die beiden Chefs bekamen jeweils 21 Tage Arrest.

Arrest hieß damals bei drei kleinen Scheiben Brot und einen halben Liter Kaffeeersatz sowie alle drei Tage einen halben Liter dünner Suppe in einem Kellerraum ganztägig stehen. Setzte oder legte sich der Arrestant auf den Boden, so musste er mit Arrestverlängerung oder Schlägen mit dem Gummiknüppel rechnen. Nur zwischen 22.00 Uhr und 5.00 Uhr konnte der, nur mit einem Nachthemd bekleidet, auf einem schmalen Brett schlafen. Im Winter bekam er für die Nacht noch eine Kamelhaardecke. Zwischen März und Oktober hatte er nur das Brett. Eine harte Tortur. Immer wieder verschluckten Arrestanten Löffelstiele, um ins Krankenrevier zu kommen. Dort bekamen sie dann Sauerkraut und zerdrückte Kartoffeln, damit sie den Löffel ausschieden. Aber diese natürliche Methode führte nur selten zum Ziel. Die meisten mussten aufgeschnitten werden. Beim Duschen bemerkte man immer wieder Jugendliche mit 10 bis 20 cm langen Narben am Bauch. Das waren Löffelschlucker vom Arrest.

Als die beiden nun in den Keller gebracht wurden, trat ein anderer Chef auf Switly zu und erklärte: „Unsere Freunde haben jetzt Probleme wegen dir, du Schwein. Du bekommst, bis sie wieder da sind, ebenfalls nichts zu fressen. Danach sollen sie entscheiden, was wir mit dir machen." Und so kam es auch. Tagelang nahm man ihm jede Nahrung weg. Zusätzlich wurde er immer wieder mit Fausthieben und auf alle nur denkbare Art brutal gepeinigt. Der Junge tat mir leid. Müsste ich mich nicht für ihn einsetzen? Aber dann kam auch bei mir der Egoist durch. Du bist doch gerade sechzehn. Wenn du zu ihm stehst, bist du vielleicht selbst der Prügelknabe. Und so sah ich weg. Nach etwa einer Woche wurde unsere Gruppe zum Fernsehen abkommandiert. Vorher traten noch etliche Switly mit voller Kraft in die Eingeweide. Auf der Treppe zum Fernsehraum begann er zu taumeln. Sein Gesicht verfärbte sich und er brach zusam-

---

[65] Er war wie fast alle Häftlinge mit Funktion ein Krimineller.

[66] Der Gummiknüppel war die übliche Waffe, die die Erzieher immer bei sich führten.

men. Im Revier erkannte der Sanitäter sofort den Ernst der Lage. Der Junge wurde in ein Krankenhaus außerhalb der Haftanstalt gebracht.

Was aus ihm wurde, ist nicht klar. Allgemein hieß es bald unter der Hand, er sei gestorben. Obwohl ich bis heute nicht hundertprozentig weiß, ob es stimmt, so ist mir klar, dass ich an seinem Schicksal mit Schuld trug. Ich war zu feige, mich auf die Seite des Außenseiters zu stellen. Ich hatte nur Sorge um mich selbst.

Tief im Inneren war mir klar, dass ich, wenn ich wirklich ein Christ wäre, hier nicht hätte wegsehen dürfen. Aber all meine, oft sogar zu Schau gestellte, religiöse Überzeugung war noch kein wirklicher Glaube. Es war Gesinnung. Aber eine Gesinnung, die in der Bewährungssituation versagen mußte, weil sie nur aus mir selbst kam. Was ist das für ein Christentum, dass sich für das ferne Israel einsetzt, aber zuläßt, dass in der eigenen Umgebung ein Mensch totgeschlagen wird.

Bis heute bedrückt mich der Gedanke, dass ich möglicherweise Blutschuld, wegen unterlassener Hilfeleistung auf meinem Gewissen habe. Wüsste ich heute nicht, dass es einen Gott gibt, der auch solch schwere Schuld vergibt, so könnte ich damit kaum leben.

Depressionen und Selbstmordgedanken

Die Atmosphäre der Brutalität und Niedertracht, die Demütigungen durch die Wachtmeister und die Vorgänge um Switly gingen schon damals nicht spurlos an mir vorbei. Immer öfter wurde ich krank. Geschwüre an den Beinen, Fieber und Unruhezustände nahmen zu. Langsam begann sich etwas in mein Gemüt einzuschleichen, was ich heute nur mit Depressionen erklären kann. Ich fiel in ein tiefes Loch. Obwohl ich nur noch ein gutes halbes Jahr vor mir hatte, dachte ich, dass der Knast nie ein Ende nehme. Irgendwann hatte ich mir dann eine Rasierklinge besorgt. Sie lag zwischen zwei Metallgitterstreifen meines Bettes. Mehr als einmal spann ich mich in den Gedanken ein, einfach Schluss zu machen. Glücklicherweise gab es dann Ereignisse und Veränderungen, die mich von diesen Plänen abbrachten.

Die letzten Monate als Küchenbulle

Ende September erschien der Oberwachtmeister der Küche in unserer Abteilung. Ich solle meine Sachen packen und mit ihm ins Vorderhaus zu den Altstrafern gehen. Ich sei der Küche zugeteilt. Nun war ich ja Bäckerlehrling und es machte Sinn, mich in die Küche zu nehmen. Trotzdem war es seltsam. Denn eigentlich waren in der Küche nur Altstrafer. Ich aber war mit jetzt 16 Jahren immer noch recht jung. Möglicherweise sahen nach der Diskussion um den Sechs-Tage-Krieg einige Erzieher in mir eine Gefährdung für die Erziehungsziele der Gruppe. Hatte doch die Diskussion gezeigt, dass ich einige Mitgefangene auf meine Seite ziehen und den Erzieher in arge Argumentationsnot bringen konnte. Mit mir als Junior unter den Altstrafern in der Küche hatte die Anstalt sicher solche Befürchtung nicht. Außerdem waren in der Küche damals nur Kriminelle, die im Konzept des sozialistischen Strafvollzugs erzieherisch auf Staatsfeinde Einfluss nehmen sollten.

Natürlich hatte es der Küchenbulle[67] auch immer etwas besser als die Mitgefangenen. Bekamen die anderen morgens zwei Marmeladenbrote, Kaffeeersatz und 1/2 Liter Mehlsuppe, so genehmigten wir uns Brötchen, Wurst und schwarzen Tee. Die Mehlsuppe, die nur aus Wasser, Zucker und angedicktem Mehl bestand, brauchten wir uns nie zumuten. Durch das bessere Essen ließen bald die ständigen Hauterkrankungen nach. Allerdings war die Arbeitszeit sicher nicht jugendgemäß. Oft begann der Arbeitstag um 4.30 Uhr und endete erst gegen 20.30 Uhr. Trotz guter Ernährung war die Arbeit sicher nicht gesund. So hatten wir die Speisen in Körben und Kübeln auf Gummiwagen von der Küche im Vordergebäude des großen Gefängniskomplexes zum Speisesaal in den hintersten Hof zu bringen. Von der Küche bis dorthin ging es über drei Höfe. Jeder war mit Toren verschlossen. Manches Mal dauerte es eine 3/4 Stunde, bis wir vom Speisesaal zur Küche durchgeschlossen waren. Vom Reinigen des Speisesaales waren die Hosen oft bis weit über die Knie nass gespritzt. Im Winter bei 15 Grad minus froren die Hosen am Körper steif. Bald bekam ich starke Erkältungen. Im Laufe der Zeit entwickelte sich daraus ein Bronchialasthma.

Erfreulicher war der Umgang der Küchenleute untereinander und sogar mit einigen Wachtmeistern. Bei der gemeinsamen Arbeit gab es auch manche spaßige Episode. Aber zu uns gehörten auch fieseste Typen und finstere Charaktere.

Der Küchenchef war früher Chefkoch in einem DDR-Interhotel gewesen. Er hatte eine längere Freiheitsstrafe bekommen, da er Hunderttausende DDR-Mark durch veränderte Rezepte eingespart und unterschlagen hatte. Im Knast machte er das gleiche. Er verschlechterte noch das ohnehin dürftige Essen der Gefangenen. Diesmal aber kamen seine Einsparungen dem Staat zugute. Dafür erließ man ihm fast die Hälfte der Haftstrafe. Auch menschlich war er sehr unangenehm. Er schikanierte die Untergebenen. Vor den Wachtmeistern schleimte er. Allerdings auch das nicht lange. Einige von ihnen versuchten, ihre Einkünfte durch kleine Diebstähle in der VP-Bedienstetenküche aufzubessern. Der Chef-

[67] Die in der Küche beschäftigten Gefangenen waren fast immer Kriminelle; manche arbeiteten als Spitzel. Allerdings hatte ich mir in dieser Zeit abgewöhnt zu politisieren.

koch führte genau Buch. Wenn er meinte, gegen einen VP-Mann genug in der Hand zu haben, begann er, ihn zu erpressen. Viele Wachtmeister und sogar Offiziere lasen diesem Knastologen alle Wünsche förmlich von den Lippen ab. Er war durch und durch ein Verbrecher. Dass es Knastologen gab, die ihre Kameraden schikanierten und ausbeuteten, hatte ich schon oft erlebt, dass es aber einen Knastologen gab, der die Schließer in der Hand hatte, erlebte ich hier das erste Mal.

„Wer einmal aus dem Blechnapf frisst ...“[68]

Eigentlich gab es im DDR-Strafvollzug kaum noch die berüchtigten Blechnäpfe zum Essen. Aber im dreckigen Bau in Halle erlebte ich sie doch noch. Manche zitierten ironisch Falladas berühmten Knastroman „Wer einmal aus dem Blechnapf frisst, das Wiederkommen nicht vergisst“. Nun, ich weiß, dass meine zweite Haft nichts mit den Hallenser Blechnäpfen zu tun hatte.

Zuerst kam aber am 29. Februar 1968 der lang ersehnte Tag der Entlassung. Endlich wieder in Zivilkleidung. Endlich kein Einschluss mehr. Endlich frei. Mein Vater holte mich um 10.00 Uhr morgens an der Pforte des Jugendgefängnisses ab. Ich sah den Bau, in dem ich fast 10 Monate eingeschlossen war, das erste Mal von außen. Da war ein Gedenkstein. Ihm entnahm ich, dass hier in der Hitlerzeit Menschen hingerichtet worden waren. Ja, das passte zu dem finsteren Gemäuer. Aber ich war nun draußen.

Meine Mutter hatte mich nicht mit abholen können. Gesundheitlich war ihr eine solche Fahrt schon nicht mehr zuzumuten. Sie hatte im zurückliegenden Jahr, obwohl erst 38 Jahre alt, körperlich und geistig sehr abgebaut. Alles in allem machte es mir mein Vater leicht, in der Freiheit wieder Fuß zu fassen. Er machte mir kaum einen Vorwurf. Manches Mal hatte ich den Eindruck, dass sogar so etwas wie ein bisschen Stolz mitschwang darüber, dass sein Sohn als Politischer in kommunistischer Haft war. Einige Nachbarn und frühere Freunde gingen mir aus dem Weg. Andere, die ich bis dahin kaum kannte, zeigten mir offen Sympathie. Der Sozialismus hatte doch nicht so viele Anhänger wie die Parteibonzen und Mitläufer meinten.

Auch bei meinem Meister war ein guter Anfang wieder möglich. Mein Berufsschullehrer sorgte dafür, dass ich in die alte Klasse kam und er deutete an, dass ich nicht nachzulernen brauche: „Du hast ja nun sogar studiert, dann wird ein Nachlernen nicht nötig sein“, erklärte er mir vor der Klasse. Nach zwei Monaten aber meldeten sich auch andere Stimmen zu Wort. Kurz nach der Haftent-

---

[68] So lautet der Titel eines Romans von Hans Fallada über eine gescheiterte Persönlichkeit, die immer wieder ins Gefängnis kommt.

lassung gab es in der Schule eine Arbeit in sogenannter Politökonomie. Unter den vergleichsweise schulisch recht bescheiden begabten Bäckerlehrlingen hatte ich, obwohl nur wenige Stunden wieder im Unterricht, mit Abstand das beste Ergebnis. Ein Mitschüler, er war soeben Kandidat der SED[69] geworden, hatte total versagt. Der Lehrer, selbst Parteisekretär an der Berufsschule, tobte. Er beschimpfte die „schlechte“ Klasse und erklärte, dass „Wagner, der Provokateur“ alles richtig hätte, sei verwunderlich, dass man sich aber für den angehenden Genossen schämen müsste, sei unverzeihlich. Trotzdem gab er mir nur eine Drei. „Wir wollen doch nicht gleich so auf den Putz klopfen,“ meinte er.

Schnell wurde mir klar, dass es mir so öfter gehen würde. Auch bemerkte ich, dass ich beobachtet wurde. Besonders wenn ich mit dem Zug wegfuhr, und das war wegen der Berufsschule zweimal wöchentlich, fuhr mir eine recht auffällige Type nach. War er von der Stasi oder war es ein bisschen Verfolgungswahn? Ich wäre nicht der erste ehemalige politische Häftling, der beschattet wird!

Überall hörte man in diesen Tagen von den Ereignissen in der CSSR. Alexander Dubcek, der Parteichef und Ministerpräsident des Nachbarstaates, versuchte, im sogenannten Prager Frühling etwas mehr Freiheit in seinem kommunistischen Staat zu verwirklichen[70]. Das Gerücht, die Tschechen hätten ihre Westgrenze nicht mehr so dicht wie früher, machte die Runde[71]. Kaum waren die schlimmsten Narben der ersten Haftzeit verheilt, so öffnete ich mich erneut dem Gedanken an eine Flucht. Wieder gab es ein paar kleine Probleme, die mich bewegten, es noch einmal zu versuchen. Die Anlässe müssen sehr bedeutungslos gewesen sein, denn weder irgend einem Familienangehörigen sind sie aufgefallen noch mir irgendwie im Gedächtnis geblieben.

Am 11. Juni saß ich wieder in einem D-Zug. Dieses Mal aber nicht in Richtung Westgrenze, sondern im Zug Richtung Karlsbad, dem Karlex, der damals ab Leipzig fuhr. Ich wollte bis Bad Brambach oder Adorf fahren, von dort über die kaum bewachte Grenze in die CSSR und dann weiter nach Bayern. Nun, nach Bayern ging es nicht, denn noch am gleichen Abend saß ich wieder im Knast. Kurz hinter Plauen verhaftete mich die Bahnpolizei. In Adorf ging es aus dem

---

[69] Die Partei warb schon unter den Lehrlingen Mitglieder. Man stellte Studienplätze in Aussicht. Obwohl der Mitschüler nie die 10. Klasse abgeschlossen hatte, wurde er durch die Partei auf die Ingenieurschule geschickt und später Leiter eines VEB Lebensmittelbetriebes.

[70] Im August 1968 drangen die Armeen des Ostblocks (Warschauer Vertrag) in die CSSR ein und machten den Reformansätzen ein Ende.

[71] Diese Information war falsch. Während meiner zweiten Haft erlebte ich immer wieder, dass DDR Flüchtlinge, die in der CSSR aufgegriffen wurden, von den Tschechen an die DDR übergeben wurden.

Zug und schon am frühen Abend saß ich in der U-Haftanstalt Plauen. Falladas Wort hatte sich bestätigt. Nun war ich wieder da. Nicht mehr so unwissend wie beim ersten Mal. Auch nicht ganz so geschockt wie damals, aber doch sehr enttäuscht. Langsam dämmerte mir auch, dass es dieses Mal mehrere Jahre Haft bedeuten könnte. War ich doch nun ein rückfälliger Staatsverbrecher!

Wieder nach Naumburg

Nach etwa einer Woche Plauen, wo ich mit anderen jungen Leuten eine Zelle teilte, die genau wie ich über die Tschechei in den Westen wollten, ging es wieder auf Transport. Zuständig war ja wieder Weißenfels und Naumburg, der entsprechende Knast. Als ich nach der Leibesvisitation im Eingangsbereich der U-Haftanstalt stand, begegnete mir ein Schließer, der mich noch von meiner ersten Haft her kannte. Er erkannte mich und lächelte mich ironisch an: „Na Wagner, auch wieder hier?“ „Jawohl, Herr Hauptwachtmeister“, antwortete ich vergleichsweise frech, wie einer, der meint zu wissen, wie es hier zugehe.

„Dieses Mal geht's aber ins Auge, Wagner, oder?“ Als abgebrühter Wiederholungstäter meinte ich, mir etwas mehr rausnehmen zu können als andere.

„Ich habe zwei Augen, Herr Hauptwachtmeister“, war deshalb meine ironische Antwort. Da war ich aber an den Falschen geraten. „Wir haben für Sie ein Einzelzimmer, da können Sie sich an die alte Heimat gewöhnen“, war seine eiskalte Antwort.

Nun ja, wie man in den Wald hinein ruft, so schalt es wieder heraus.

Wo bin ich hingeraten?

In den nächsten Monaten kam so etwas wie ein tiefe Depression über mich. Die Worte des Schließers blieben mir im Ohr: „Dieses Mal geht's aber ins Auge, Wagner.“ Hatte ich es schon in Plauen gefühlt, so wurde es mir immer deutlicher: Es könnten drei, vielleicht vier Jahre werden. Wie werde ich das durchstehen? Werde ich eine Knastmacke haben, wenn ich wieder draußen bin? Die Monotonie und die Langeweile in der Einzelzelle begannen wieder wie eine drückende Last auf mir zu liegen.

Als ich bereits nach etwa sechs Wochen meinen Prozess bekam, war diesmal alles anders als während meiner ersten Haft. Mein Meister wurde von der Behörde genötigt, mir zu kündigen. Wahrscheinlich unter Druck stellte er mir ein äußerst schlechtes Zeugnis aus. In einem Gespräch nach meiner späteren Entlassung sagte er mir, dass er nichts anderes habe erklären können.

Mein Lehrer bekam nicht mehr die Möglichkeit, sich für mich einzusetzen. Statt dessen trat die Frau meines Meisters als gesellschaftliche Anklägerin gegen mich auf. Auch hier hatte es entsprechenden Druck gegeben; waren doch private Handwerksbetriebe in der DDR nicht sehr hoch im Kurs. Viele befürchteten, enteignet oder in eine sozialistische Produktionsgenossenschaft gezwungen zu werden. Nach dem Verlesen der Anklageschrift durch eine ältere Staatsanwältin und den üblichen Propagandaangriffen auf die westlichen Sender, die die Jugend der DDR geistig vergiften würden, trat eine Mitarbeiterin der Jugendhilfe auf, die mich zum Rowdy stempelte. Ein Nachbar, überall als verbohrter Altkommunist bekannt, stellte ein äußerst übles Leumundszeugnis nicht nur über mich, sondern über unsere ganze Familie aus: „Wagners haben derartig laut die Lügensender des Westens an, dass man die faschistischen Lügen auf der Straße hören muss." Ich wurde als nachlässig und faul hingestellt.

Nach meiner Entlassung sagte mir der frühere Meister, dass auch seiner Frau nichts anderes übrig geblieben sei, als in den Chor einzustimmen. Er habe ja wegen meiner Eskapaden um seine geschäftliche Existenz bangen müssen.

In dieser Situation trat dann mein Vater auf. Er wies auf die schwere Krankheit meiner Mutter und auf die schwierigen Verhältnisse in meiner Kindheit hin. Er verlangte deshalb die Prüfung der Frage, ob ich, „ein Junge von 16 Jahren", überhaupt schon die Tragweite meines Tuns übersehen könne. Dieser Antrag, zu dem ihm ein Anwalt geraten hatte, verfehlte seine Wirkung nicht. Man konnte den Eindruck haben, dass auch der Richter und die Staatsanwältin erleichtert waren, die Verhandlung unterbrechen zu können. Es wurde ein neuer Termin in Aussicht gestellt und ein Gutachten bezüglich meiner Jugend in Auftrag gegeben. Die Begutachtung erfolgte recht wohlwollend. Dr. Hanke, ein junger Arzt aus dem thüringischen Mühlhausen, meinte aber, dass seine Meinung in meinem Fall nicht viel bewirken werde, da ich sicher vom Gericht als zu renitent eingeschätzt würde.

Allerdings geschah in den nächsten Wochen einiges, was mich, da ich schon über mehr als ein Jahr Hafterfahrung verfügte, erneut schwer erschütterte. Auf der Fahrt zum Gutachter wurde in der Grünen Minna ein Gefangener von etwa 45 Jahren mitgeschickt. Er wurde sowohl im Gefangenentransporter wie auch im Haftkrankenhaus immer mit Handschellen geführt. Auch durfte er nie mit anderen Kontakt haben. Wir waren mehrere Jugendliche, die auf Strafmündigkeit getestet werden sollten. Unter uns gingen die tollsten Spekulationen um, was das wohl für ein Mann wäre. Es gelang uns, einem Vierzehnjährigen aus Weimar und mir, einen Pfleger zum Reden zu bringen. Er erzählte, dass dieser Mann mit dem Todesurteil zu rechnen habe[72]. Er habe bereits zum dritten Mal eine Frau umgebracht. Zwar hatte ich während meiner ersten Haft manchen

[72] In der DDR wurden bis 1973 Todesurteile vollstreckt. Bis in die Sechziger Jahre geschah dies mit dem Fallbeil, später mit einem gezielten Kopfschuß. Bis 1983 wurden bei militärischen Delikten Hinrichtungen durchgeführt.

Verbrecher erlebt, aber einem Mehrfachmörder und Todeskandidaten war ich doch noch nicht begegnet. Einige Tage später erfuhr ich dann, dass mein kleiner vierzehnjähriger Zellengenosse, der jetzt schon wieder zurück nach Weimar verlegt war, auch wegen eines Mordes einsaß. Er sollte am Abend seines 14. Geburtstags ein kleines sechsjähriges Mädchen brutal umgebracht haben. Unter was für Menschen war ich geraten? Natürlich hatte ich während meiner ersten Haft mit Einbrechern, brutalen Schlägern, Betrügern und auch mit Sittlichkeitsverbrechern zu tun gehabt. Aber mit Mördern war ich noch nie zusammen gewesen.

Auf der Rückfahrt vom Haftkrankenhaus erlebte ich dann das Gruseligste. Es war ein sehr umständlicher Transport. Ich weiß nicht warum, aber ich wurde mit dem Grothewohlexpress über Weimar, Leipzig und Halle gebracht. Überall waren längere Aufenthalte. Hatte ich schon bei meiner ersten Haft bemerkt, wie stark Menschen dem Tabak verfallen sein konnten, so erlebte ich bei einem Aufenthalt in Weimar, wie die Raucher sogar den Staub und die Fusseln aus ihren Jackentaschen umkrempelten, in Papier einrollten und rauchten.

In Halle wurden damals noch Todesurteile ausgesprochen. Hier hatten wir einige Stunden Aufenthalt. Wir sollten noch am Abend weitertransportiert werden. Unsere Gruppe von etwa 15 Gefangenen wurde nicht in die verdreckten Kellerzellen, die ich vom Vorjahr kannte, sondern in einer Zelle im obersten Stock der Haftanstalt untergebracht. Es war eine Zelle, die früher für zum Tode Verurteilte, vor deren Abtransport nach Frankfurt / Oder, genutzt wurde. Die Zelle war geteilt. Quer durch den Raum ging ein Gitter. Ein älterer Gefangener erklärte, dass bei den Todeskandidaten ständig ein Wachtmeister hinter dem Gitter saß. Er ließ den Todeskandidaten Tag und Nacht nicht aus dem Auge. In der Zelle gab es kein Bett und keinen Stuhl. Die Liegestatt war in Form eines Bettes gemauert. Dies wurde so gemacht, damit in der Zelle nichts versteckt werden konnte.

In Halle wurden wir dann mit Hunden über den Bahnhof zum Grothewohlexpress in Richtung Naumburg geführt. Wenn der Zug durch die Heimatstadt fuhr, in meinem Fall Weißenfels, bekam man normalerweise recht heimatliche Anwandlungen. Dieses Mal aber hatte ich ganz andere Gefühle. Ich war mit den brutalsten Verbrechern, die mir in meiner ganzen Haftzeit begegnet waren, in einem Abteil. Diese Leute schienen sich zu kennen. Sie brüsteten sich mit ihren brutalen Verbrechen. Einer berichtete, wie er eine Behinderte misshandelt und sexuell gefoltert habe. Das Schlimme war, dass mir sofort klar wurde, dass ich sowohl diese Frau wie ihre Familie kannte. Sie wohnten in meiner Nachbarschaft. Dann berichtete ein anderer, dass er im Knast Halle einen alten Kumpel aus früheren Hafttagen gesehen hätte. Der wäre jetzt wegen Mordes verurteilt worden. Fast genüsslich berichtete er, dass sein Freund eine wüste Fete gefeiert habe. Als sich die Vermieterin beschwerte, habe man sie zusammengeschlagen und gemeinschaftlich vergewaltigt. Zum Schluss hätte man ihr „den Rest gegeben". Die Leiche habe man unter das Sofa geschoben und weiter gefeiert. Irgendwann habe ihr dann sein Kumpel Zähne herausgerissen, um zu prüfen, ob sie wirklich tot sei. In Halle sei nun sein „Kumpel" im 4. Stock untergebracht worden, wo die Schwerverbrecher sind. Während der Freistunde, die Blende am Fenster muss wohl kaputt gewesen sein, habe er ihm ins Fenster gesehen. Er habe ihn mit Zeichen gefragt, welche Strafe er bekommen habe. Darauf habe der andere Verbrecher sich die rechte Handkante quer über den Hals gezogen. Meine Abteilgefährten lachten bitter und aus voller Kehle.

„Wohin bin ich gekommen?" Diese Frage überfiel mich immer öfter. Ich weiß nicht, ob das Zusammentreffen mit derart üblen Burschen, deren Sorte ich während der ersten Haft nie erlebt hatte, von der Stasi bewusst organisiert war, um mich einzuschüchtern. Es kann auch Zufall gewesen sein. Als Christ weiß ich aber, dass nichts ohne Gottes Zulassen geschieht. Heute denke ich, dass man mir vielleicht sogar etwas vorgemacht haben könnte. Eventuell wollte mich die Stasi so moralisch fertig machen. Was auch immer die Ursache war, der Sozialismus wurde mir dadurch noch verächtlicher. Offenbarte er doch zu deutlich seine widerlichen Grimassen, die einen Jungen, der eigentlich noch in die Schule gehörte, in ein derartiges Milieu stieß.

Zurück in Naumburg ging es dann wieder in die Isolation.

Erstmals bewusst auf Knien

Je länger ich meine Lage überdachte, und dazu gab es in der Einzelhaft viel Zeit, desto schwerer wurde mir alles. Immer wieder drängten sich mir Selbstmordgedanken auf.

Wie soll ich das drei bis fünf Jahre, die sicher auf mich zukommen, durchhalten?

Da ich ja in Einzelhaft war, hatte ich viel Zeit nachzudenken.

Ich verstand mich doch als Christ. Nach der Zeit mit Günter Hass, dem Wehrdienstverweigerer, den ich bei meiner ersten Haft in Naumburg kennengelernt hatte, hatte ich erneut ernst darüber nachgedacht, irgendwann Theologie zu studieren. Sollte, wenn am Glauben wirklich etwas dran ist, Gott mir nicht auch aus dem Gefängnis heraushelfen können?

Ich erinnerte mich, welche Kraft Günter Hass, mit dem ich doch vor einem Jahr die Zelle teilte, aus dem Glauben nahm. Mir stand vor Augen, von welchen Wundern uns in der Christenlehre die Katechetin erzählt hatte. Ich meinte doch auch, ein Christ zu sein. Ich ging im Gegensatz zu den anderen Mitgliedern meiner Familie zur Kirche, aber Erfahrungen von göttlicher Hilfe und Kraft durch den Glauben waren mir nicht bewußt.

Sollte ich es nun nicht auch einmal mit einem ernsten Gebet versuchen? Ich müßte Gott um Hilfe bitten. Wenn es ihn gibt, muß er doch Wunder tun können. Ja, er muß dann doch auch ein Wunder für mich tun können. Wenn es aber keinen Gott gibt? Spricht nicht viel dafür, dass alle Religionen nur fromme Illusionen sind?

Je länger ich so nachdachte, desto deutlicher wurde mir, dass ich zwar nach außen christlich eingestellt war, innerlich aber gar nichts davon verstanden hatte. Der christliche Glaube, den ich hatte, war nur etwas Angelerntes. Zwar hatte ich mich nach dem Eindruck anderer fanatisch für die Kirche eingesetzt, aber Erlebnisse mit Gott habe ich doch kaum oder vielleicht noch gar keine gehabt.

„Jetzt muss ich es einmal darauf ankommen lassen. Jetzt kann Gott mir zeigen, ob es ihn wirklich gibt und ob er wirklich helfen kann?“

So reifte in mir der Plan, Gott einen Handel vorzuschlagen.

Ich kniete mich in meiner Zelle hin und sagte:

„Gott, wenn es dich gibt, dann hole mich aus dem Gefängnis heraus. Wenn du das tust, werde ich dir mein ganzes Leben dienen. Wenn ich hier rauskomme, werde ich Pfarrer oder Katholik.“

Ich meinte damals, die Katholiken seien die besseren Christen. Denn wir Evangelischen gingen ja kaum zur Kirche. Von katholischen Verwandten aber wusste ich, dass sie manchen Sonntag mehrere Male in den Gottesdienst gingen. Am Ende des Gebets bekreuzigte ich mich, da ich meinte, derartige Zeremonien müssten Gott sicher gut gefallen.

Nun wartete ich, was sich tut.

Aber da geschah zwei, drei Tage gar nichts. Irgendwie dachte ich dann resignierend: „Dann gibt es diesen Gott wohl doch nicht. Oder wenn es ihn gibt, dann kümmert er sich nicht um uns Menschen.“ Fast hätte ich das Gebet vergessen.

Aber da geschah dann doch das Wunder: Eine Woche nach meinem Gelübde, es war Freitag, der 4. Oktober, gegen 16.00 Uhr, öffnete sich meine Zelle. In der Tür stand der Stationsleiter. „Wagner, Sachen packen!“

Ich dachte an eine Verlegung. Doch mit einem Mal bemerkte ich, dass die Zellentür nicht verschlossen war. Ich schlug die Signalklappe[73], um nicht in den Verdacht zu kommen, ich nutze das Versehen aus. Ein Hauptwachtmeister kam. Als ich ihm Meldung machen wollte, winkte er ab. „Sie brauchen nichts mehr zu melden. Die Tür ist offen, weil Sie entlassen werden."

Ist das möglich, ohne Gerichtsverhandlung? Selbst ein Freispruch hätte einer Verhandlung bedurft.

Noch einmal kam der Stationsleiter mit einem Stasi-Offizier und teilte mit, dass ich zur Effektenkammer solle, um meine Sachen abzuholen. Es verging etwa eine halbe Stunde und ich stand mit dem üblichen verschnürten Paket, in das entlassene Gefangene ihre persönlichen Habseligkeiten verpackt bekommen, vor der Haftanstalt.

Gott hatte mein Gebet erhört.

Wieder in Freiheit

Jetzt hätte ich mein Gelübde einlösen müssen: Pfarrer oder Katholik? Aber ich dachte schon nicht mehr an die Stunde, wo ich Gott um Hilfe angefleht hatte. Mein Versprechen war vergessen. Mir ging nur eine Frage durch den Kopf. „Wie weiter?"

Der Meister hat mich entlassen. Was wird mein Vater sagen, wenn ich bald vor der Tür stehe? Ich kaufte mir eine kleine Flasche Stonsdorfer[74], trank sie aus und hatte nun Mut, nach Hause zu fahren. Naumburg war nur zwei Eisenbahnstationen von Weißenfels entfernt.

Diesmal war die Aufnahme nicht so freundlich wie das erste Mal. War doch die ganze Lage für die Familie noch viel belastender gewesen als bei der ersten Haft. Meine Mutter hatte über all den Nöten und Sorgen, die sie durch meine Fluchtversuche erlitt, sicher einige Jahre ihres Lebens eingebüßt.

Die Lehrstelle war durch die zweite Haft verloren. Ich müßte irgend etwas anderes finden.

---

[73] In alten DDR Gefängnissen, mußten sich die Gefangen im Notfall durch die Signalklappe bemerkbar machen. In der Zelle gab es einen Hebel über den eine Eisenklappe, ähnlich einem Eisenbahnsignal neben der Zellentür sichtbar wurde. Das schlagen der Klappe machte relativ viel Lärm, so dass es die Bediensten leicht bemerkten.

[74] Kräuterlikör.

Dr. Hanke hatte mich in einem Gespräch auf die Möglichkeit einer Tätigkeit als Hilfspfleger in einer kirchlichen Einrichtung[75] aufmerksam gemacht. Deshalb ging ich schon einen Tag nach meiner Haftentlassung zu dem für mein Stadtgebiet zuständigen Pfarrer und wollte ihn fragen, ob er mich unterstützen könnte, mich um eine Anstellung als Hilfspfleger in einem evangelischen Krankenhaus zu bewerben.

Bei der Kirche gibt es sicher die wenigsten Probleme und ich hätte irgendwann die Möglichkeit, eine kirchliche Ausbildung zum Anstaltsdiakon, einem kirchlichen Pfleger für Behinderte, zu bekommen. Dies wollte ich dann auch angehen. Der Pfarrer gab mir ein Empfehlungsschreiben und rief beim Leiter der Pfeifferschen Stiftungen in Magdeburg an. Schon am Sonntagnachmittag hatte ich einen Termin und der Anstaltsleiter sagte zu, mich einzustellen.

Als ich mich dann am Dienstag, wie es die Pflicht von entlassenen Häftlingen war, beim Rat des Kreises, Abteilung Inneres, meldete, machte mir der dortige Stasi-Mann sofort einen Strich durch die Rechnung. „Sie fangen in keinem Krankenhaus an. Wenn man Sie im Knast nicht erziehen kann, dann werden wir es hier tun. Sie gehen als Hilfsarbeiter in einen Tagebau, in die Braunkohle.“ Mit diesen Worten wies er mir die Tür.

Braunkohle, das war doch die Arbeit, wohin die Sträflingskolonnen von Naumburg immer fuhren. Bin ich denn nun auch hier draußen im Knast? Da konnte natürlich kein Pfarrer mehr helfen. Abteilung Inneres war so etwas wie eine kleine Regierung im Ort. Was tun?

Ich fuhr zur Berufsschule. Ob mir Herr Mizera noch einmal helfen kann? Ich traf ihn in der Schule an und erzählte ihm von der unerwarteten Freilassung – das war für ihn ja auch neu – und von der Vorsprache in Magdeburg und dem Auftritt beim Rat des Kreises. „Versprich mir, in den nächsten zwei Jahren keinen neuen Fluchtversuch zu unternehmen!“

„Was sollte ich tun?“ Ich versprach es.

„Dann vergiss den Tagebau. Auch die Stasi ist nicht der ‚Liebe Gott‘.“ Es dauerte vielleicht eine Viertelstunde, zwei, drei Telefonate und er hatte wieder eine Lehrstelle für mich. Wie es ihm gelungen ist, mich wieder unterzubringen und dann noch zu erreichen, dass ich, obwohl ich jetzt schon über die Hälfte meiner Lehrzeit im Knast verloren hatte, ins reguläre Lehrjahr zurückkommen konnte? Ich weiß es nicht. Aber die Haft hat mir dadurch nicht einen einzigen Tag längere Lehrzeit eingebracht. Ab Oktober lernte ich in der Großbäckerei Weißenfels. Die Arbeitsbedingungen waren sogar etwas leichter als bei meiner früheren Stelle.

---

[75] Die Kirchen hatten auch in der DDR noch verschiedene diakonische Einrichtungen, in denen meist bildungsunfähige Behinderte betreut werden konnten.

Meine kirchliche Bindung wurde stärker

Von dieser Zeit an verfestigte sich meine ja schon vorher vorhandene Beziehung zur Evangelischen Kirche und deren verschieden Gruppen in Weißenfels.

Heute kann ich diese Zeit noch nicht als Zeit tiefen Glaubens, aber doch als ein inneres Suchen nach Gott ansehen. Noch immer gab es noch kein echtes Glaubensleben mit regelmäßigem Gebet oder persönlicher Stille über der Bibel. Aber eine, durch all die Probleme von der Schulzeit an über die Zeit meiner Haft gewachsene Religiosität prägte mich und mein Verhalten immer mehr.

Ich lernte einige junge Christen kennen und besuchte von jetzt an regelmäßig die Junge Gemeinde[76]. Unser Pfarrer stammte zwar, wie ich später erfuhr, aus einer pietistischen[77] Familie, war aber in Verkündigung und Gemeindeleben sehr liberal[78]. Die Jugendstunden waren von daher auch mehr von Diskussion als von Frömmigkeit geprägt. Mir kam dies sehr entgegen. Ich diskutierte gern. In der Kirche konnte man offen über fast alles reden. Auch nahm sich der junge Pfarrer immer wieder einmal Zeit für mich.

In diesem kirchlichen Umfeld hatte ich den Eindruck, dass mir meine Gegnerschaft zum kommunistischen Staat so etwas wie Achtung und Anerkennung einbrachte. Wahrscheinlich war es nicht ganz so. Sicher sah man in mir mehr einen etwas seltsamen Jugendlichen, der mit seinem Leben noch nicht so ganz im Lot ist. Aber es gab Verständnis und die kirchliche Umgebung bot mir eine gewisse Nestwärme, die ich gern annahm.

Ruhigere Zeiten

Nachdem die äußeren Dinge nun etwas mehr Ordnung bekommen hatten, versuchte ich, mein Leben auch sonst in etwas ruhigere Bahnen zu lenken. Auch um dem Lehrer, der sich für mich derart stark verwendet hatte, keine Probleme zu machen, versuchte ich, im neuen Lehrbetrieb ordentlich anzukommen. Es dauerte nicht lange, und ich hatte dort den guten Ruf eines zuverlässigen Mitarbeiters und in der Berufsschule ein gewisses Ansehen durch meine recht gute

---

[76] Junge Gemeinde nannte man in der DDR die kirchliche Jugendarbeit. Anfang der fünfziger Jahre wurde sie offen bekämpft. Später duldete man ihre Existenz, aber Glieder der Jungen Gemeinde blieben Diskriminierungen ausgesetzt.

[77] Pietismus ist eine sehr fromme evangelische Reformbewegung, die seit dem 17. Jahrhundert immer wieder geistliche Aufbrüche in der Kirche bewirkte.

[78] Unter liberaler Theologie versteht man ein Christentum, das der Bibel und dem Glauben keine letzte Autorität zugesteht. Es ist die kirchliche Variante der bürgerlichen Aufklärung.

theoretische Begabung. Irgendwann ging mir zwar noch manches Mal der Gedanke durch den Kopf: Wenn du es ein drittes Mal versuchst, nach dem Westen abzuhauen, wirst du sicher abgeschoben; die Kommunisten geben dann auf. Aber ich ging dem Gedanken nicht nach. Schon weil ich Herrn Mizera nicht in den Rücken fallen wollte.

Neben den Verbindungen zu den Jugendlichen der Jungen Gemeinde lebten freundschaftliche Beziehungen zu jungen Mitarbeitern im Betrieb und früheren Mitschülern wieder auf.

Erste Begegnungen mit Adventisten

In unserer Stadt gab es eine Adventistengemeinde. Die Siebenten-Tags-Adventisten[79] unterschieden sich damals noch sehr stark von den Christen anderer Kirchen. Statt des Sonntags hielten sie den Samstag als Gottesdienst- und Ruhetag. Diese Ordnung machte sie, oberflächlich betrachtet, etwas exotisch und den Juden ähnlich. Auch andere jüdische Sitten wurden von ihnen gepflegt. Sie mieden die im Alten Testament verbotenen Speisen, aßen weder Schweinefleisch noch Blutwurst, selbst Kaninchen war verpönt. Außerdem mieden sie Alkohol und Nikotin. Zudem betrachteten sie sich als eine Art Elite der Christenheit. Die Weißenfelser und Naumburger Gemeinden waren hier wohl besonders genau. Zu dieser etwas extremen Kirche zählten sich in unserer Stadt etwa 100 Anhänger. Im Spätherbst 1968 veranstalteten sie öffentliche Vorträge, um ihre Ansichten weiterzugeben. Damit die Menschen auf die Veranstaltungsreihe aufmerksam wurden, gingen die Mitglieder der Gemeinde zu ihren Nachbarn, aber auch zu fremden Menschen und versuchten, diese in Glaubensgespräche zu verwickeln. Waren sie etwas interessiert, ließen sie ihnen Schrifttum ihrer Gemeinschaft da und luden zur Evangelisation ein.

Auch unsere Familie wurde von einem fast 80-jährigen Adventisten aufgesucht. Mein Vater ließ ihn aus Höflichkeit in die Wohnung. Der alte Herr versuchte bei ihm, Interesse für seine Glaubensüberzeugungen zu wecken. Mein Vater hatte nicht viel dafür übrig. Aber im Rahmen dieses Gespräches erwähnte mein Vater, dass ich politisch in Haft gesessen hatte und auch zur Kirche engen Kontakte halte. Das machte mich ja schon damals in der Familie zum „Pastor“.

Das war nun wohl ein Stichwort, auf das der alte Herr, er hieß Möller, gewartet hatte. Er zog mich in ein Gespräch, ließ mir etwas Informationsmaterial da und versprach bald wiederzukommen, um mit mir weiter über die angerissenen Fragen zu reden.

---

[79] Etwas extreme amerikanische Freikirche. Betont die Wiederkunft Jesu (Advent) und hält den Sabbat.

Und wirklich, nach ein paar Tagen war er wieder da. Mich interessierte, was er sagte. Er sprach viel von der Bibel, versuchte diese aber auch mit dem täglichen Leben in Verbindung zu bringen. Er erwähnte verschiedene geschichtliche Vorgänge und behauptete, dass diese Ereignisse bis in Einzelheiten hinein von Jesus Christus oder den Aposteln angekündigt worden waren. Dann erklärte er, wie sich dies alles erfüllt hatte. Er meinte, dass unsere jetzige Welt wohl nicht mehr lange bestehen würde, zu groß sei die Ungerechtigkeit unter den Menschen. Es gab immer Stoff zum Diskutieren. Aus dem Gefängnis kannte ich Zeugen Jehovas[80], mit denen ich allerdings nie näher in Kontakt gekommen war. Jetzt hatte ich einen solch ähnlichen „Sektierer" vor mir. Er suchte von sich aus zu mir Kontakt. Sein Einsatz faszinierte mich, und dass der Mann sich für mich interessierte, der ich mehr als 60 Jahre jünger war als er, beeindruckte mich noch mehr.

Dann kam der erste Tag der Veranstaltungsreihe, der Evangelisation. Ich hatte mit Peter Frank, einem Jungen, mit dem mich schon als Kind eine enge Freundschaft verbunden hatte, über die Veranstaltung gesprochen. Wir waren in den Wochen zuvor abends oft weg gewesen. Wir besuchten Stadtfeste oder gingen einfach nur in die Kneipe. Seit der Haftentlassung hatte sich bei mir ein gewisser Zug für diese bierselige Umgebung entwickelt. Dort traf ich Freunde, und auch von der Jungen Gemeinde waren ein ums andere Mal welche dort. An dem Abend schlug ich Peter vor, gemeinsam zu den Adventisten zu gehen. Wir machten uns auf. Als wir allerdings feststellten, dass der Kirchensaal dieser Gruppe in einer engen Gasse und dort noch im ersten Stock eines älteren Hauses war, ließen wir doch lieber die Finger von dem Unternehmen. Wer weiß, was sie bei solch einer „Sekte" machen. In der Anonymität einer richtigen Kirche kann man untertauchen oder sich schnell davonmachen, aber in einer umgebauten Wohnung ist man zu auffällig. Statt zur Evangelisation gingen wir in den „Marienhof", eine ziemlich verqualmte Kneipe, die uns beiden schon länger bekannt war. Wir tranken ein paar Biere und ich den damals von mir so bevorzugten Stonsdorfer, einen Magenbitter, den außer mir wohl kaum ein Jugendlicher trank. Dabei drängte sich immer mehr der Gedanke auf, dass der alte Herr Möller vielleicht auf mich warte. Ich hatte ihm doch versprochen, seiner Einladung zu folgen. Mein Freund hatte keinen rechten Mut, aber ich entschloss mich doch noch hinzugehen. Auch ging mir wieder einmal das Gebet von damals im Knast durch den Kopf.

---

[80] Diese Sondergemeinschaft wurde ihrer Ablehnung des Staates wegen in der DDR hart verfolgt. Viele ihrer Glieder kamen ins Gefängnis. Fast alle ihrer jungen Männer wurden wegen Wehrdienstverweigerung inhaftiert.

Erstmalig in einer Gemeinde

So kam ich, leicht angetrunken, bei den Adventisten an. Hätte ich damals gewusst, dass sie Abstinenzler sind, hätte ich mich wahrscheinlich nicht hin gewagt. Ich kam natürlich zu spät. Die Tür klemmte etwas und ich kam dadurch etwas lauter als normal in den fast überfüllten Gemeindesaal. Ein Gemeindeältester brachte mich zu einem freien Platz in der ersten Reihe. Ich weiß heute nicht mehr, was der Prediger geredet hat, aber die Atmosphäre unter diesen Leuten gefiel mir von Anfang an. Der angelsächsische Kirchenhymnus, den sie recht laut im Stehen sangen, beeindruckte mich. Nach dem eigentlichen Gottesdienst verwickelten mich einige Gemeindeglieder in ein Gespräch und baten mich, am nächsten Tag wieder zu kommen. Auch traf ich Herrn Möller wieder, der sich sehr freute, dass sein Einladen etwas genutzt hatte.

Der Eindruck, den ich von der Gruppe hatte, war so gut, dass ich es kaum erwarten konnte, am nächsten Abend wieder dabei zu sein. So lebensnahe Predigten wie hier und derart engagiert christliche Auffassungen, wie ich sie hier hörte, hatte ich noch nie vernommen. Drei Wochen ging die Veranstaltungsreihe. Mit Ausnahme von Mittwoch und Donnerstag, wo nichts lief, war ich wohl jeden Abend dabei. Am Ende der Evangelisation hatte sich bei mir der Eindruck festgesetzt, diese Leute sind möglicherweise die einzigen echten Christen, die ich je kennengelernt habe. Mir selbst fehlte dieser feste Glaube noch, aber ich wollte gern zu ihnen gehören. Natürlich war mir klar, dass der Lebensstil der Leute in meiner Umgebung für Probleme sorgen würde. Nur war ich gewohnt, Einzelgänger zu sein, es würde mir nicht schwer fallen. Denn ich hätte Menschen gefunden, die ähnlich wie ich ihren Weg gehen. Leute, unter denen Rücksicht und Freundlichkeit herrscht. Das wäre es mir wert gewesen.

Gern erzählte ich, besonders bei der adventistischen Jugend, von meinen Eskapaden, die mich ins Gefängnis gebracht hatten. Mit dem Prediger diskutierte ich über Politik, Kirche und Leben. Erstmalig hatte ich den Eindruck, dass ich ganz ernst und ganz angenommen wurde. Schnell gliederte ich mich in das Gemeindeleben ein. Ich besuchte samstags den Gottesdienst und die Jugendstunde. Trotzdem hielt ich weiter Kontakt zur evangelischen Jugend, der Jungen Gemeinde. Um ganz zu der Adventistengemeinde zu gehören, fragte ich den Pastor, wie ich Mitglied werden könne. Jedoch gegen meine Erwartung ging er nicht euphorisch auf mich, ein mögliches neues Schäfchen, zu, um es einzufangen. Er erklärte mir, dass man bei ihnen als Erwachsener durch Untertauchen getauft würde. Dieser Taufe ginge ein einjähriger Taufunterricht voran. Aber ich könne mit dem Unterricht sofort anfangen. So kam es, dass ich fast jeden Montag drei bis vier Stunden Unterricht in der Wohnung von Prediger Scholz nahm. Aussagen der Bibel, ethische Fragen, Informationen über Kirchengeschichte, vieles über die USA, aber auch über die Wissenschaft erfuhr ich. Der Pastor nahm sich viel Zeit für mich, der ich von all dem Neuen nur wenig Ahnung hatte. Zwar gab es in meinem Leben eine Religiosität, aber wirkliches Wissen über Gott oder die Bibel hatte ich kaum. Auch durfte ich mir nach dem Unterricht jeweils Bücher ausleihen. Prediger Scholz hatte nicht nur religiöse, sondern auch historische und wissenschaftliche Bücher. Ich verschlang diese Literatur förmlich. Nach all den Jahren, den Verhältnissen der Isolation in der Schule, der Krankheit meiner Mutter und vor allem nach der Haft, sog ich die Freundschaft der Adventisten förmlich auf. Ich hatte den Eindruck, nur wer so lebt wie diese strengen Christen, ist ein richtiger Mensch. Alle anderen sind oberflächlich oder gar dumm. Natürlich begann ich auch sofort die Speisegesetze und den Sabbat der Glaubensgemeinschaft zu halten.

Zu meinem Vater, der meine, ihm fremd vorkommenden, christlichen Ambitionen schon lange mit Sorge beobachtete, führte dieses Verhalten zu manchen Spannungen und unerfreulichen Auseinandersetzungen. Er hatte wohl Angst, dass ich einer Art religiösem Wahn verfalle.

Was sind Pietisten?

Natürlich bemerkte ich nach einiger Zeit auch Flecken am scheinbar so sauberen Leib der Gemeinde. Aber auch das brachte mich nicht zu sehr durcheinander. Die problematischsten Adventisten erschienen mir immer noch edler als die vernünftigsten Kommunisten oder viele Menschen, die ich im Knast erleben musste.

Während des Taufunterrichtes wurde mir immer deutlicher, irgendwie müsste sich in meinem Leben noch etwas ändern. Kirchlich und in den Augen vieler Bekannter sogar sehr kirchlich, war ich ja schon lange. Aber so ganz echt und tief war mein Glaube doch nicht. Das war mir die ganze Zeit voll bewußt. Hin und wieder erinnerte ich mich auch an mein Gelübde in der Haft, wusste aber nicht, wie ich jetzt damit umgehen sollte. Ich lernte viel über den christlichen Glauben, wenn auch aus Sicht der Adventisten.

Dann ereignete sich eine erneute Weichenstellung. Ich lieh mir beim Prediger ein Buch über Glaubenserfahrungen aus. Es war von dem Evangelisten und evangelischen Pfarrer, Dr. Kurt Koch[81], geschrieben. Beim Lesen wurde mir sehr deutlich, dass es nicht nur in der Gemeinschaft der Siebenten-Tags-Adventisten echten christlichen Glauben gibt, sondern auch bei anderen christlichen Richtungen und selbst in der von mir in den letzten Monaten als geistlich nur für oberflächlich eingeschätzten Evangelischen Kirche. Am nächsten Unterrichtstag fragte ich den Adventistenprediger, wer dieser Autor des Buches denn sei. Die Frage schien ihm nicht so recht zu sein. Wenn er von der Landeskirche

[81] Deutscher Evangelist, der als Experte auf dem Gebiet des Okkultismus galt.

und deren Pfarrer sprach, schwang meist etwas Überheblichkeit mit. Nur die Adventisten seien letztlich ganz bibeltreu. Sie seien die einzige ganz echte Gemeinde. Die Einzigen, die Gottes Willen und Gebote wirklich beachten.

So sagte er nur sehr kurz : „Pfarrer Koch gehört zu den Pietisten."

Auf mein Nachhaken, was das denn für Menschen seien, erklärte er: „Das sind eine Art Adventisten, die allerdings noch zur Großkirche gehören!"

Das weckte mein Interesse. Jedoch er war nicht bereit, mir viel mehr über die Pietisten, diese innerkirchlichen Adventisten, zu berichten.

Ich lieh mir weiter religiöse Bücher aus und stellte bald fest, dass es neben den Adventisten noch viele andere christliche Menschen mit tiefem Glauben gab.

Was ist die Bekehrung?

Im Laufe der Zeit wurde mir immer deutlicher, dass in vielen der gelesenen Bücher gesagt wurde, dass ein wirkliches Glaubensleben mit der Willensentscheidung für Gott beginne. In den Büchern wurde diese Entscheidung meist „Bekehrung" oder Wiedergeburt genannt. Immer öfter fragte ich mich, ob mir diese Bekehrung nicht noch fehle. In den Büchern des Amerikaners Billy Graham[82], des Oberkirchenrates Dr. Werner de Boor aus Schwerin[83], bei den Veröffentlichungen eines Pastors namens Ernst Modersohn[84] und vielen anderen immer ging es um diese Entscheidung. Schnell merkte ich, dass diese Entscheidung eine Lebenswende bedeutet, die jeder echte Christ einmal erfahren muss. Auch kam ich zu der Überzeugung, dass mir diese Bekehrung fehlt. Ich erkannte mehr und mehr, dass das Fehlen der Bekehrung die Ursache dafür sei, dass ich aus der Religiosität, die ich bisher für Glauben hielt, keine wirkliche innere Kraft empfangen konnte.

Obwohl es mir schwer fiel, fragte ich im Taufunterricht den Adventistenpastor, wie das mit der Bekehrung vor sich ginge. Auch unter Adventisten hatte ich manchmal von dem Erlebnis einer Bekehrung gehört. Nur schien mir dieses Thema neben den Informationen über das Weltende oder der Kritik an der modernen Wissenschaft und Kirche etwas im Hintergrund zu stehen.

Heute meine ich, dass Pastor Scholz wohl befürchtete, dass ich mich in irgend eine religiöse Extremposition hinein steigern könnte. So versuchte er, mir die

---

[82] Geb. 1918. Bekanntester amerikanischer Evangelist.

[83] Bekanntester Evangelist und pietistischer Theologe der DDR.

[84] 1870-1948 Leiter des Allianzhauses in Bad Blankenburg und einer der bekanntesten deutschen Erweckungsprediger der ersten Hälfte des 20. Jahrhunderts.

Bekehrungsfrage etwas zu relativieren. „Du glaubst doch an Gott und hast dich doch entschlossen, Adventist zu werden. Du besuchst seit einiger Zeit die Gottesdienste und wir beten miteinander. Das beweist, dass du ein Christ bist. Ein Leben, wie du es führst, und eine solche Glaubensentwicklung wie bei dir ist eine Bekehrung. Zeit und Stunde seines Glaubensbeginns weiß nicht jeder. Bei manchen Menschen ist die Bekehrung eine Entwicklung.“ So oder ähnlich erklärte er mir die Frage.

Zwar brachten die Aussagen des Predigers meine Unruhe erst einmal zur Ruhe. Aber die Unruhe, die durch die Bücher der bekehrten Kirchenleute wie Pfarrer Kurt Koch und der anderen Pietisten in meinem Herz entstanden war, ging nicht mehr ganz zurück. Immer fester wurde mein Eindruck, dass mir der jetzige Glaube zwar eine gewisse Geborgenheit und Kameradschaft in einer religiösen Gruppe gibt, aber innerlich wenig Ruhe und Kraft schenkt.

Ich suchte und Gott fand mich

Da mich in Glaubensfragen zu Hause niemand verstehen konnte, der Adventistenprediger diese Fragen nach der Bekehrung wohl auch nicht weiter besprechen wollte, begann ich auf eigene Faust nach der Wahrheit über die Bekehrung zu suchen.

Heute denke ich, dass Gott in der Haftzeit ein solches Vakuum in mir hat werden lassen, so dass ich nicht anders konnte, als nach diesem gegründeten Glauben zu suchen.

Ich besuchte weiter die kirchliche Junge Gemeinde. Der Pfarrer erzählte mir, dass sein Vater und Großvater pietistische Prediger waren. Sein Großvater war sogar Mitarbeiter des Evangelisten Ernst Modersohn. Das ließ mich aufhorchen. Aber der junge Pfarrer selbst wollte nicht viel mit solch einem „engen” Christentum, wie er den Pietismus nannte, zu tun haben. Die Inhalte des Taufunterrichts und die Gottesdienste der Adventisten sagten mir auch weiter sehr zu. Aber irgendwie merkte ich, dass mir etwas ganz Wichtiges fehlt.

So begann ich weiter zu suchen.

Da ich den Unterschied zwischen Kirche und Glauben, zwischen Religiosität, christlicher Aktivität und innerem Leben noch nicht kannte, suchte ich bei Organisationen Antwort auf meine Unruhe.

Ich hoffte auf mir noch unbekannte neue Informationen über den Gott zu stoßen. Auch suchte ich instinktiv mehr Klarheit über meinen eigenen Zustand zu finden. Ich ging in den nächsten Monaten in Veranstaltungen und Gottesdienste aller möglichen Kirchen, Sekten und Gemeinschaften.

Als erstes tauchte ich in der Katholischen Kirche auf. Ich besuchte den Weißenfelser Dechanten. Obwohl ich väterlicherseits aus katholischem Hintergrund komme, sagte mir diese auf Frömmigkeit und Rituale fixierte Form christlichen Glaubens aber doch nichts.

Ich saß im Gottesdienst der Neuapostolischen Kirche[85], erfuhr, dass es im Nachbarort noch Anthroposophen[86] und die Heilungssekte der Weißenberger[87] gibt. Auch dort war ich ein bis zwei Mal zu Gast.

Bald stellte ich fest, bei fast allen diesen Gruppen findet man eine ähnliche Atmosphäre wie bei den Adventisten. Aber das, was ich eigentlich suchte, fand ich nicht. Auch innere Ruhe und Frieden erfuhr ich in keiner der Gruppen.

Dann kam der Freitag, der 23. Mai 1969. Die örtliche Baptistengemeinde[88] hatte eine Evangelisation. Über den Schaukasten der Gemeinde war ich auf die Veranstaltung aufmerksam geworden. Niemand aus diesem Kreis wußte, dass ich an dem Abend kommen werde, niemand hatte mich persönlich eingeladen und niemand in dem Kreis kannte mich.

Mir waren die Baptisten nur aus den Büchern von Pastor Scholz bekannt. Durch den Evangelischen Pfarrer wußte ich, dass der bekannte Politiker und farbige Prediger Martin Luther King Baptist war.

Während des Evangelisationsabends verlief alles wie ich es schon aus anderen Gemeinden kannte. Der Saal war mit etwa 100 Besuchern gefüllt. Ein Chor saß an der Seite und ein etwa 60jähriger, ziemlich stämmiger Pastor sprach. Allerdings ging es an diesem Abend um meine Frage: Bekehrung. Doch die Rede des Pastors war nicht besonders mitreißend, so dass mir seine Ausführungen nicht viel zu sagen schienen.

Am Ende seiner Predigt tat Pastor Kautz etwas Ungewöhnliches. Er erklärte, dass er die Vortragsreihe vorzeitig abbrechen müsse, da er einen unerwarteten Todesfall in der Familie habe. Dieser mir bis dahin total unbekannte Mann erklärte: „Ich befürchte, dass ich in diesen wenigen Abendveranstaltungen nicht alles gesagt habe, was nötig wäre.“ Nun, ich war ohnehin das erste Mal in dieser Veranstaltungsreihe, deshalb war diese Aussage zuerst nur eine Information für mich.

---

[85] Größte deutsche Sondergemeinschaft.

[86] Anhänger der okkult geprägten Lehre von Rudolf Steiner.

[87] Okkulte Sekte, die es vorwiegend in der früheren DDR gibt.

[88] Angelsächsische Freikirche, deren besonderes Merkmal die Unabhängigkeit der einzelnen Gemeinden und die Taufe der Gläubigen ist. Ihre Wurzeln liegen in der Reformationszeit, obwohl sie erst im England des beginnenden 17. Jahrhunderts auftaucht.

„Ich bin mir aber irgendwie sicher", fuhr der Pastor fort, „dass ein Mensch in unserer Mitte ist, der sich schon lange nach einem neuen, besseren Leben sehnt. Oft wollte er alles ändern, aber er hat es nie geschafft." Mit einem Mal standen mir die vielen Versuche der letzten Jahre, mein Leben zu verändern, vor Augen. Da war der Versuch über das Verlassen der Schule und den Beginn meiner Lehre. Da waren die Fluchtversuche, die mich ins Gefängnis gebracht hatten, und da waren die religiösen Ansätze, die mich aber bis heute nicht zum Frieden und zu einem neuen Leben gebracht hatten.

„Heute ist die Chance. Gott bietet sie an. Vielleicht hat Gott dich schon einige Male gerufen. Vielleicht durch Gottesdienste oder durch frühere Probleme. Heute kann dein Wunsch in Erfüllung gehen. Dein ganzes Leben kann neu werden."

Diese Worte, des stämmigen Mannes zogen mich wie magnetisch in ihren Bann.

„Du kannst aus deinem nur äußerlichen Christentum heraus ein wirkliches Gotteskind werden." Das war es doch, was ich suchte. Mich trafen diese Worte tief. Habe ich doch während der Haft erlebt, wie Gott in mein Leben helfend eingegriffen hat. Waren mir doch in den letzten Monaten so viele echte Christen begegnet, von denen viele die geistliche Kraft hatten, von der ich bis dahin nicht einmal träumen konnte.

Mit einem Mal wurde der Ton des Predigers noch ernster:

„Ich mache mir Sorgen, wegen der Abkürzung der Evangelisation. Vielleicht bist du ein Heuchler, du spielst den anderen einen Glauben nur vor, aber du lebst ihn nicht und du hast ihn nicht."

Auch diese Aussage berührte mich, aber irgendwie stieß mich diese scheinbare Aufdringlichkeit dann doch eher wieder ab.

„Sind diese Leute hier vielleicht solche Sektierer, von denen man immer wieder einmal hört, dass sie Menschen abhängig machen, dass sie Gehirnwäsche einsetzen?" fuhr es mir durch den Kopf.

Jetzt fragte der die ganze Versammlung: „Habe ich laut und deutlich gesprochen?" Alle Anwesenden antworteten: „Ja!"

„Habe ich auch einfach genug und intellektuell verständlich gesprochen?"

Wieder ein „Ja" der ganzen Versammlung.

„Am Jüngsten Tag wird dieses `Ja´ als Zeugnis vorliegen. Es wird jeden anklagen, der Gott nun nicht wirklich angenommen hat. Wer nur christlicher Mitläufer ist, ist ein Heuchler."

Mit einem Mal überkamen mich die seltsamsten Gefühle. Ein Drücken oberhalb des Magens, in meiner Kehle war es, als hätte ich darin einen Kloß. Ich fühlte mein Herz schlagen. „War das jetzt Gottes Ruf zur Bekehrung?“ „Redet er zu mir?“. „Sollte ich jetzt mit Gott ernst machen?“ Die Fragen in meinem Kopf überschlugen sich.

„Soll das jetzt die Bekehrungsstunde sein, von der Du gelesen hat und deren Wichtigkeit dich in letzter Zeit beschäftigt hat?“

„Nein“, schrie es in mir. „Du bist kein Heuchler. Der Adventistenprediger hat es dir doch bestätigt. Rainer, du bist schon Christ. Du hast durch Gottes Feinde anderthalb Jahre im Gefängnis gesessen. Das akzeptiert Gott. Du bist in Ordnung.“

„Das Herzklopfen, der Druck. Sicher ist das Gehirnwäsche, Hypnose.“ Die Luft wurde mir immer knapper: „Weg von dieser Sekte!“ Ich wollte am liebsten sofort aus dem Gemeindesaal heraus. Aber ich saß wieder ziemlich weit vorn. Es wäre zu auffällig.

Als dann das alte angelsächsische Erweckungslied „Komm heim“ gesungen wurde, hatte ich nur noch eins im Sinn: „So schnell wie möglich hier raus!“

Nach dem Segensgebet am Ende des Evangelisationsabends war ich dann wahrscheinlich der Erste, der aus dem Saal auf die Straße trat.

„Nie wieder zu solch einer Veranstaltung“, schwor ich mir, „das ist mir eine Lehre“. Ich ging die Straße abwärts und entfernte mich schnellen Schrittes vom Saal der Weißenfelser Baptistengemeinde.

Bisher waren meine Ausflüge in die christliche Szene mehr Widerstand gegen das System der DDR, es war mehr intellektueller Kitzel, mehr Gruppenerlebnis und allgemeine Religiosität. Aber so nahe, wie mir heute Abend Gottes Anspruch auf mein Leben begegnete, habe ich Gott nie erwartet.

Nie wieder werde ich zu solchen Fanatikern gehen. Auch sonst werde ich vorsichtiger bei religiösen Fragen sein. „Einfangen lassen werde ich mich nicht!“

Noch mit diesen Gedanken beschäftigt erschrak ich mit einem Mal über ein furchtbar lautes Geräusch unmittelbar neben mir. Ich überquerte gerade eine Straße, da bremste höchstens drei bis vier Meter neben mir ein LKW.

Hatte ich im Gottesdienstsaal ein Drücken auf der Brust erlebt, so fuhr es mir jetzt in alle Knochen. „Was wäre, wenn du jetzt unter dem Auto gelandet wärst, schoss es mir automatisch durch den Kopf.“

„Jetzt haben sie“ – ich meinte die Baptisten – „wohl ihr Ziel erreicht?“

Nein, es war keine menschliche Beeinflussung, die mich aufschreckte. Es war Gott selbst, der mich jetzt gestellt hatte.

Mir war klar: Wäre ich unter dem LKW geendet und es gäbe keinen Gott, dann wäre mein Körper in drei Tagen auf dem Friedhof, zwei Meter unter der Erde. Es wäre mit allem vorbei.

Hätten die Recht, die meinen, Glauben ist eine Ideologie, ich wäre sicher im Himmel. Denn wo ich in den letzten Monaten überall hin gegangen bin, da geht sonst keiner hin. Gott müsste meinen ernsten Einsatz würdigen. Irgendwie hielt ich Gott auch für einen Antikommunisten, der seines Gleichen selbstverständlich in den Himmel nimmt.

Aber wenn das wahr ist, was ich heute im Gottesdienst gehört habe, dann bin ich noch nicht bei Gott. Dann währe ich jetzt in der Hölle. Hätte die Stimme in meinem Herzen Recht, die sich schon seit der Lektüre der pietistischen Bücher immer wieder meldete, dann wäre ich jetzt für ewig verloren.

Ohne es bewusst anzustreben, zog es mich zurück zu dem von mir vor wenigen Minuten verlassenen Gottesdienstsaal.

Als ich vor der Tür stand, klopfte mir das Herz erneut. Es war Licht im Saal. Was wird jetzt geschehen? Kaum öffnete ich die Tür und trat ein, kam ein Mitarbeiter der Gemeinde auf mich zu und fragte, was ich denn möchte.

Ich stotterte: „mit – mit mir ist irgend etwas nicht in Ordnung." Der Mann sah mich an und antwortete klar, aber doch auch verständnisvoll: „Wenn man Jesus nicht hat, dann ist das Wichtigste im Leben nicht in Ordnung."

Am liebsten wäre ich jetzt noch einmal abgetaucht. Aber dazu war es zu spät. Der Prediger des Abends kam auf mich zu, ging mit mir in einen Nebenraum und ich konnte reden. Dieses Mal versuchte ich nicht zu diskutieren. Ich durfte einfach alle meine Probleme in ungeordneten Gedanken von mir geben.

Während des Gespräches wurde mir klar, welche große Schuld schon auf meinem jungen Leben lastete.

Mir wurde deutlich, wie sehr ich meine Mutter verletzt hatte. Durch so viele schlimme Kleinigkeiten und durch die Flucht, bei der ich nicht einen Augenblick an ihre Traurigkeit dachte, die sie empfinden müsse, wenn ihr Sohn weg sei. Sie, die schwer krank war, musste erfahren, dass ihr Kind einfach davon gegangen war, ohne an sie zu denken.

Nein, nicht die Republikflucht war Sünde. Der Staat, der seine Bürger wie Gefangene einmauert, war ein Zuchthausstaat. Aber was ich meiner Mutter zugemutet hatte, war eine nicht wieder gut zu machende Schuld.

Auch stand mir jener Tag vor Augen, als man im Gefängnis Switly gequält und möglicherweise umgebracht hatte. Ich hatte nicht einen Finger gerührt, ihm beizustehen. Ich war genauso herzlos wie die Schläger gewesen. Ich habe weggesehen, als einer litt und wimmerte. Alles aus Feigheit.

Wer wäscht mir diese Schuld von meiner Seele?

Und was ist mein Glaube eigentlich bisher gewesen? Alles was ich vormals als jugendliches Christentum ansah, war doch fast nur äußerliche Fassade. Es diente stark meinem Image. Es war eine Ideologie und vielleicht sogar ein kirchlicher Fanatismus, aber kein echter Glaube, in dessen Mittelpunkt Jesus stand.

Kann Gott mit meinem religiösen Schmuck, meiner antikommunistischen Gesinnung und ein paar christlichen Phrasen auf meinen Lippen zufrieden sein?

Auch hatten sich meine bisherigen Glaubenserfahrungen fast nur im intellektuellen Bereich abgespielt. Alles Theorie. Geistlich war von mir nicht viel Gutes ausgegangen.

Wie anders war das bei Günter Hass, dem jungen Wehrdienstverweigerer vor zwei Jahren im Naumburger Gefängnis.

Zwar habe ich gern den Taufunterricht der Adventisten besucht. Ich habe gern für die Kirche und später für die Überzeugungen der Adventisten gestritten und diskutiert. Aber die Bibel selbst habe ich kaum gelesen. Gebetet? Höchstens einmal ein vorsichtig anklopfendes Stoßgebet.

Glaube, der trägt und Kraft gibt, wie bei Günter Hass, war mir bis jetzt sehr fern. Mein einziges Gebet von Bedeutung, das war mir bewusst, war jenes seltsame Gelübde, das ich getan hatte, um aus dem Knast rauszukommen.

Nachdem ich nichts mehr zu sagen hatte, forderte mich der Prediger auf, alles, was ich vor ihm ausgesprochen hatte, im Gebet vor Gott zu bringen.

Ich weiß nicht mehr, ob es ein langes oder kurzes Gebet war. Ich weiß auch nicht mehr, was ich Gott alles gesagt habe und was nicht. Aber als ich danach den Saal verließ, war mir, als ob sich die ganze Welt verändert hätte.

Ich war so erleichtert wie noch nie. Ich hätte vor Leichtigkeit und Freude in die Luft springen können. Eine Last wie zentnerschwere Quader war mir vom Herzen gefallen.

Nicht die Welt hatte sich geändert, ich war neu geworden.

Ich hatte gesucht, Gott hatte mich gefunden. Gott hatte mich angenommen. Er hatte mich schwere Wege, Wege der Einsamkeit, des Zerbrechens und der Verzweiflung gehen lassen. Aber jetzt waren diese Wege zu Ende. Ich war daheim, bei meinem himmlischen Vater.

Am 23. Mai 1969, nach manchen Irrwegen eines jungen Lebens, nach vielem Versagen und bitter Schuld, nach zwei Gefängnisaufenthalten, vielfältigem Suchen und Nichtfinden, war ich am Ziel.

Gott hatte mich gefunden, in seine Arme genommen, getröstet und erneuert.

Meine Irrfahrt war zu Ende. Sie endete nicht im Westen, sie endete in den Armen meines Retters Jesu Christi.

Ich wusste: Jesus Christus selbst hat mich jetzt zum Christen gemacht. Er hat mir meine Sünden vergeben und er wird mich nie mehr allein lassen.

Ich bin davon überzeugt, dass der kommunistische Unrechtsstaat meiner Familie und mir viel Leid und Unrecht zugefügt hat.

Es war ein Verbrechen, Kinder mit Kriminellen zusammen einzusperren, nur weil man sein System angeblich vor fünfzehnjährigen Agenten schützen will.

Es war ein Verbrechen einen Jungen von 12 Jahren vor der versammelten Schule öffentlich zu verhören und zu einem Außenseiter zu machen.

Es war ein Verbrechen, mir die Jugend zu stehlen.

Es war ein Verbrechen, was die Kommunisten meiner kranken Mutter antaten, indem sie ihren Sohn ins Gefängnis sperrten.

Aber Gott hat mich in all dieser Zeit nie aus den Augen verloren. Er war da, auch wenn ich nicht an ihn dachte. Er blieb immer der Herr, auch wenn scheinbar gottlose Menschen handelten.

Keine Schlechtigkeit ist so niederträchtig, als dass er sie nicht doch noch zu etwas Gutem gebrauchen könnte.

Gott hat die Höhen und Tiefen meines Lebens benutzt, um mich reif für einen tragfähigen Glauben zu machen.

Es ging mir wie König David, der einst erklärte:

> „Ich harrte des HERRN,
> und er neigte sich zu mir und hörte mein Schreien.
> Er zog mich aus der grausigen Grube,
> aus lauter Schmutz und Schlamm,
> und stellte meine Füße auf einen Fels,
> dass ich sicher treten kann;
> er hat mir ein neues Lied in meinen Mund gegeben,
> zu loben unsern Gott.
> Das werden viele sehen und sich fürchten und auf den HERRN hoffen."

Ps 40,2-4

Ich bin weder Adventist noch Baptist geworden

Dass meine innere Heimat nicht bei den Adventisten sein konnte, war mir sofort nach meiner Bekehrung klar. Zwar haben mir diese extremen Freikirchler auf dem Weg zu Gott geholfen, aber den entscheidenden Schritt der Bekehrung konnten sie mir damals nicht zeigen. Sie waren zu sehr mit Nebenfragen des Glaubens beschäftigt.

Bald nach meiner Bekehrung erfuhr ich, dass die Baptisten in unserem Ort ihr Gemeindeleben sehr staatsnah gestalteten.

Auch Prediger Kautz von Halle, durch dessen Predigt ich zur Bekehrung kam, und der zuständige Baptistenpastor meiner Heimatstadt äußerten sich immer wieder recht positiv zur DDR und deren System.[89] In ihre Gemeinde hätte ich nicht gepasst. Deshalb suchte ich auch in dieser Freikirche keinen Anschluss.

Die theologischen Grundlagen der Baptisten konnte ich damals noch nicht recht beurteilen.

Der Glaube an Jesus machte mir aber deutlich, dass ich jetzt in meiner Familie einiges in Ordnung bringen mußte. Es war nicht leicht, ein vernünftiges Verhältnis zu meinem Vater aufzubauen. Hat er doch viel unter den Eskapaden meiner Jugend zu leiden gehabt. Es hat etliche Jahre gedauert. Besonders da er den von mir eingeschlagen Glaubensweg anfangs nicht nachvollziehen konnte, brauchte es Zeit, bis wir zusammen fanden.

Meiner schwer kranken Mutter konnte ich in ihren letzten Lebensjahren Jesus bezeugen. Als sie noch aufnahmefähig war, erlebte ich, wie die schwer leidende Frau begann, Jesus lieb zu haben. Ich bin mir gewiss, sie einmal im Himmel wieder zu sehen.

Da ich mich keiner Freikirche anschloss, blieb ich evangelisch. Das konnte auch mein Vater gerade noch so ertragen.

Sehr schnell lernte ich aber Gleichgesinnte in der evangelischen Kirchengemeinde kennen. Es waren Pietisten, Glieder jener Glaubensbewegung in der

---

[89] Nach der politischen Wende wurde bekannt, dass Pastor Kautz, der Evangelist des Abends, an dem ich mich bekehrte, auch ein inoffizieller Mitarbeiter (IM)der Stasi war. Allerdings war er nicht auf mich angesetzt. Er selbst führte ein Doppelleben. Auf der einen Seite Prediger des Evangeliums, auf der anderen Seite IM. Es heißt, er sei von der Stasi erpresst worden. Um seinen Sohn vor dem Gefängnis zu retten, hat er sich zur Zusammenarbeit mit dem Staat verpflichtet. Auch Prediger, auch bewußt gläubige Prediger bleiben Menschen und sind reale Sünder. Bis heute frage ich mich, warum Gott gerade diesen Prediger nutzte, um mich zu sich zu ziehen. Wie groß ist Gott, dass er einen IM zum Evangelisten für einen Antikommunisten macht.

Evangelischen Kirche, von der ich schon aus den Büchern des Adventistenpredigers gelesen hatte.

Schnell begriff ich, dass es nicht nur in religiös extremen Gruppierungen oder Freikirchen Menschen mit tiefem Glauben und ganzem Einsatz für die Sache Jesu Christi gibt. Es gibt sie auch in der „normalen“ Kirche.

In der Kirche und hier besonders im Kreis der „Landeskirchlichen Gemeinschaft Weißenfels“[90] erlebte ich Menschen, die mir von ihren persönlichen Glaubenserfahrungen berichteten. Viele von Ihnen halfen mir, im Glauben weiterzukommen.

In ihrem Kreis lernte ich die Bibel ohne fanatische oder sektenhafte Sonderlehre kennen und lieben.

Weil Gott mir die Fähigkeit gegeben hat, frei zu reden, wurde ich bald in ihrem Kreis zum Laienprediger[91]. Mit zwanzig Jahren durfte ich erste Bibelstunden halten.

Ohne es direkt angestrebt zu haben, konnte ich jetzt mein Versprechen, dass ich dem mir damals noch recht unbekannten Gott in der Gefängniszelle in Naumburg gab, erfüllen und hauptamtlicher Prediger des Evangeliums werden.

Eine ältere Christin sagte mir, dass sie davon überzeugt sei, dass Gott mich zum Glauben geführt hat, damit ich Prediger seiner Gemeinde werde. Als mir dann während einer Freizeit klar wurde, dass mich Gott zum Prediger berufen hat, konnte ich auf diesem Weg gehen. Ich besuchte das Predigerseminar des Gnadauer Gemeinschaftswerkes der DDR in Falkenberg.

Als Prediger erlebte ich später, dass auch durch meine Arbeit junge und alte Menschen zum Glauben an Jesus Christus und zur Gewissheit ihres ewigen Heiles fanden.

Jungen Menschen, aber auch im Leben gescheiterten Personen den Weg zu Jesus zu zeigen, wurde später ein Schwerpunkt meines Dienstes als Prediger.

Als ich Prediger in der DDR war, gab es manche Verdächtigungen durch den kommunistischen Staat. Die Stasi vermutete, dass ich meinen Glauben nur als Tarnung benutze, um meine antikommunistische Ideologie zu verbreiten.

---

[90] Landeskirchliche Gemeinschaften nennt man in vielen Gegenden Deutschlands die selbständigen Kreise pietistischer Protestanten. Sie gehören zur Kirche, aber versammeln sich zusätzlich zur geistlichen Stärkung untereinander.

[91] Die Laienpredigt war und ist noch heute ein typisches Merkmal lebendiger pietistischer Gruppen.

Die Stasi konnte nicht verstehen, dass es ein geistliches Leben gibt, das nichts mit ideologischer Auseinandersetzung oder mit einem Klassenfeind zu tun hat.

Allein aus den Jahren 1979-82 gibt es eine fast 400 Seiten lange Stasi-Akte, in der Spitzelberichte über mich gesammelt wurden. Viele weitere Unterlagen und Berichte sind wahrscheinlich in den Wirren der Wende vernichtet worden.

Seit einigen Jahren hat mich mein Predigerdienst auch nach Russland gebracht. Überall erlebte ich, dass Gott Menschenleben neu und reich macht.

Heute sind meine Kinder älter als ich bei meiner Verhaftung war. Der SED-Staat ist glücklicherweise in sich zusammengebrochen.

Ohne Menschen damit provozieren zu wollen, halte ich diese Entwicklung für einen Grund, Gott zu danken.

Am dankbarsten aber bin ich, dass Gott mich bei der Hand genommen hatte und zu einem tragfähigen und mich stärkenden Glauben geführt hat. Gott führt jeden Menschen über unterschiedliche Lebenswege. Er hat auch mich so geführt, dass ich heute nicht vergrämt auf verlorene Jahre zurückblicken muss, sondern erkenne, dass selbst die Haftzeit dazu beitragen musste, dass ich ein glücklicher Mensch werden konnte.

Vor 1700 Jahren sagte der berühmte Kirchenvater Augustin:
„Durch dich sind wir, und zu dir sind wir gemacht. Und unser Herz ist unruhig in uns, bis es ruht in dir, o Gott.“

Anhang

000007

00003

Volkspolizei Kreisamt
E i s e n a c h
- Kriminaldienst -

Eisenach, den o2.o1.1967
Je.

<u>P r o t o k o l l</u>

über die

<u>Befragung des Rainer W a g n e r, geb. am 24.o7.1951 in Weißenfels, wohnhaft Weißenfels, Töpferdamm 9</u>

Der Obengenannte wurde am o2.o1.1967, gegen 19.45 Uhr durch Angeh. der VP bei Creuzburg im Kreis Eisenach vorläufig festgenommen, weil er einen Grenzdurchbruch versuchte.
In der durchgeführten Befragung wurde folgender Sachverhalt festgestellt : Wagner steht seit dem o3.o9.1966 bei dem Bäckermeister Simon in Weißenfels in einem Lehrverhältnis. Schon vor ca. sechs Monaten trug er sich mit dem Gedanken die DDR zu verlassen, da sie wie er sich ausdrückt, nicht von Gott gewollt ist. Als Christ wolle er nicht in einem gottlosen Staat leben, sondern nach Westdeutschland gehen, wo eine wahrhaft christliche Partei (CDU) die Macht inne hat. Außerdem wohne in Westdeutschland Otto von Habsburg, der legitieme Herrscher über Deutschland. Obwohl er Verwandte in WD wohnen habe, so eine Tante und einen Onkel, wolle er nicht zu diesen, sondern wolle seine Lehre in WD beenden und anschließend als Wehrdienstverweigerer auftreten, wozu er in der DDR keinerlei Recht hätte. Während der Befragung kam zum Ausdruck, daß Wagner infolge Westfernsehens und Hören des Westrundfunks völlig der westdeutschen Ideologie verfallen ist.
Er benutzte ab Weißenfels den D.-Zug bis Eisenach und ging zu Fuß weiter. Unter Umgehung des Schlagbaumes Ramsborn gelangte er bis vor Creuzburg - Sperrzone -, wo er durch die VP festgenommen wurde. Wagner ist weder Rückkehrer noch Erstzuzug und nicht organisiert. Sein Wunsch ist es unter einem Kaiser zu leben und er ist davon überzeugt, daß Otto von Habsburg, einmal die Regierungsgewalt über ein ganzes " Deutsches Reich " mit Österreich und Ungarn eingenommen ausüben wird.
Sein Gesundheitszustand ist nach eigenen Angaben gut. Er trägt sich nicht mit Flucht- oder Selbstmordgedanken. Er konnte jedoch nicht mit Gewißheit sagen von einem erneuten Versuch des Grenzdurchbruches Abstand zu nehmen.

Kopie BStU

...schek
Krim...

BStU 000008 00004

MINISTERRAT DER DEUTSCHEN DEMOKRATISCHEN REPUBLIK

Ministerium des Innern

Dienststelle BDVP Erfurt Abt. K Dez. II ~~Zentrale Arb. Gruppe Grenze~~

Gotha, den 3. 1. 1967

Kriminalstatistik 1967 98/ 11059

Verfügung

Gemäß § 106 der Strafprozeßordnung wird gegen den / die

Name Wagner

Vorname Rainer, Walter

geboren am 24. 07. 1951 in Weißenfels

Beruf ohne zuletzt Bäckerlehrling

Arbeitsstelle Bäckerei-u. Konditorei Werner Simon Weißenfels, Große Burgstraße 31

Wohnanschrift Weißenfels, Topferdamm Nr. 9

aus den unten angeführten Gründen die Einleitung eines Ermittlungsverfahrens angeordnet.

Gründe:

Der Beschuldigte Wagner hat am 02. 01. 1967 den Versuch unternommen die Staatsgrenze der DDR in Richtung West im Raum Creuzburg gewaltsam zu durchbrechen. Er benutzte von Weißenfels den Zug bis Eisenach und ging dann zu Fuß weiter in Richtung Creuzburg. Hier wurde er von Angehörigen der Grenzsicherungsorgane gegen 19,45 Uhr vorläufig festgenommen und an seinem Vorhaben gehindert. Wagner befand sich bereits im 5 km Sperrgebiet. Einen Passierschein hatte er nicht im Besitz.

Strafbar gem. § 8 Abs. 1 und 3 Paßgesetz
§ 43 StGB
§ 6 Abs. 1 b der Grenzschutzverordnung
§§ 1,4 und 25 JGG
§ 7 Abs. 2 der Geldverkehrsordnung.

Schneider
Hauptmann der K

Unterschrift

Staatsanwalt des Kreises
Gotha

Gotha, den 3. Jan. 1967

U.m.A.
Kreisgericht
- Jugendstrafkammer -

Gotha

mit dem Antrag, gegen den

Bäckerlehrling
Rainer, Walter Wagner
geb. am 24. 07. 1951 in Weißenfels,
wohnh.: Weißenfels, Töpferdamm 09,
beschäftigt: Bäckerei-Konditorei Werner Simon,
Weißenfels, Gr. Burg-Str. 31,

Festnahmekreis: Eisenach

Haftbefehl

gem. § 141 StPO zu erlassen.

Gründe:
Der Beschuldigte beschäftigt sich nach eigenen Angaben seit ca. 1/2 Jahr mit dem Gedanken, die Staatsgrenze der DDR zu durchbrechen. Als Begründung dafür gibt er an, daß die DDR nicht christlich genug sei, und daß er es mit seinem Glauben als Christ nicht vereinbaren könne, den Dienst in der Volksarmee zu absolvieren. Bei dem Jugendlichen liegt eine ausgeprägte Beeinflussung durch westliche Fernsehsendungen vor, was darin zum Ausdruck kommt, daß er als einzig legitime Regierungspartei die westdeutsche CDU ansieht. Er vertritt auch den Standpunkt, daß er die österreichische Monarchie unterstützen müsse, da nur durch einen Kaiser das ursprünglich Deutsche Reich erstehen könne.

Am 0.. 01. 1967 fuhr er gegen 10,24 Uhr von Weißenfels aus nach Eisenach, wo er sich bis etwa gegen 17,30 Uhr aufhielt. Er lief dann zu Fuß in Richtung Westen und gelangte bis kurz vor Kreuzburg. Im 5-km-Sperrgebiet wurde er gegen 19,45 Uhr von Angehörigen der Grenzsicherungskräfte festgenommen.
Bei dem Jugendlichen handelt es sich um einen ausgesprochenen Fanatiker, der aufgrund seiner religiösen Einstellung die bestehende Gesellschaftsordnung in der DDR negiert und aus diesem Grunde sind Erziehungsmaßnahmen im Sinne des § 37 JGG nicht ausreichend.
Es handelt sich im vorliegenden Falle um Verfehlungen gem.

§ 8, Abs. 1 und 3 des Paßgesetztes der DDR, in der Fassung vom 11. 12. 1957,
§ 43 StGB,
§ 6, Abs. 1 b der Grenzschutz-VO in Verb. mit
§§ 1, 4 JGG.

Aufgrund des konkreten Fluchtverdachtes ist der Erlaß eines Haftbefehls gesetzlich begründet.

Stephanusberg
Kreisstaatsanwalt

Verfügung:
Die Haftunterlagen sind unverzüglich dem Staatsanwalt des Kreises Weißenfels zu übersenden und der Ermittlungsvorgang ist zur abschliessenden Bearbeitung der BDVP, Abt. K, Dez. 2, Arbeitsgruppe Naumburg, zu übergeben.

Stephanusberg
Kreisstaatsanwalt

 00008

Das Kreis-gericht

Aktenzeichen: 1 As 7/67

Gotha, den 4.1.1967

Strafsache

Anwesend

Schultze
als Richter

Streubel
als Protokollführer

gegen Rainer, Walter Wagner

wegen versuchtem Paßvergehen

Vorgeladen/Vorgeführt/erscheint der Beschuldigte.
Ih m wird eröffnet, was ih m zur Last gelegt wird.

Der Haftbefehl des Kreis gerichts

vom

wird ih bekanntgegeben.

Er/Sie wird über das Recht zur

Beschwerde belehrt.*)

Zur Person: Rainer, Walter Wagner
Vornamen und Familienname sowie etwaige Beinamen:
(Rufname ist zu unterstreichen - bei Frauen auch der Geburtsname)

Franz Wagner, Weißenfels Töpferdamm 9
Vor- und Zuname sowie Anschrift des Vormundes, des gesetzlichen Vertreters:

geboren am: 24.7.51 in: Weißenfels Kreis: Weißenfels Bezirk: Halle

Familienstand: ledig

Vor-, Zu-, Geburtsname sowie Beruf des Ehegatten: entf.

Letzter Wohnort: Weißenfels, Töpferdamm 9

Staatsangehörigkeit: DDR

Beruf sowie Arbeitsverhältnis: Bäckerlehrling, Bäckerei-Konditorei Werner Simon in Weißenfels, Gr.-Burgstr. 31

Vorstrafen: nach eigenen Angaben keine

Naumburg, den 25. 1. 1967

Protokoll der kollektiven Einschätzung über Rainer Wagner durch den Klassenverband der Klasse Bäcker I

Am heutigen Tage wurde im oben angeführten Klassenverband die gesellschaftliche Auseinandersetzung geführt und die kollektive Einschätzung erarbeitet.

An dieser Aussprache nahmen teil:
- 24 Schüler des Klassenverbandes
- Kollege Mizera, Klassenleiter
- Oberleutnant der K Basse.

Zu Beginn der Einschätzung wurde vom Vertreter der Abteilung K sehr eingehend über die Gesellschaftsgefährlichkeit der strafbaren Handlung des Lehrlings Wagner gesprochen.

Der Lehrling Wagner wurde wie folgt eingeschätzt:

Lehrling Helmut Gottschalk:
Ich schätze es so ein, daß der Rainer kein schlechter Kerl ist. Er hat nie davon gesprochen, daß er nach dem Westen abhauen will. Er hat in Gesprächen viel von der Kirche erzählt und daß er sich mit diesen kirchlichen Dingen viel befassen würde. Ich habe weiter von ihm erfahren, daß er sehr viel gelesen hat und ich kann sagen, daß er auch schon sehr belesen war.
Er kam immer pünktlich zum Unterricht, hat sich im Unterricht auch diszipliniert benommen. In seinem Wesen war er ruhig und hat sich aus dem Kollektiv nicht ausgeschlossen. Seine Tat kam für mich sehr überraschend. In einer Reihe von Unterrichtsfächern hat der Rainer gute bis durchschnittliche Leistungen gehabt.

Lehrling Volker Konzog:
Ich habe mich mit dem Rainer gut vertragen, er hat mir auch viel von der Kirche erzählt und daß er viele kirchliche Bücher

gelesen hat.
Ich habe von ihm auch erfahren, daß er viel ins Theater geht, und er hat mir auch von diesen Theatervorstellungen erzählt.

Lehrling Renate Frischbier:

In seinem Wesen war der Rainer ruhig. Uns Mädchen gegenüber hat er sich immer anständig verhalten.

Klassenleiter Koll. Mizera:

Der Rainer war kein schlechter Schüler. Seine Noten im ersten Halbjahr 1966/67 sind wie folgt:

Mathematik:	2	Deutsch:	4
Physik:	1	Staatsbürgerkunde:	3
Chemie:	2	Fachfächer:	Ø 3

Ich kann auch sagen, daß er eine gute Mitarbeit und Disziplin zeigte. Er war pünktlich und fleißig.

Ich möchte noch folgenden Vorfall schildern:
Wir haben in unserer Klasse Spenden für den Freiheitskampf des vietnamesischen Volkes gesammelt und haben ein gutes Ergebnis in Höhe von MDN 33,- erzielt. Der Rainer aber verweigerte eine Spende für Vietnam mit der Begründung, er habe schon gespendet bei einer kirchlichen Sammlung "Brot für die Welt". Er drückte sich auch so aus, daß jeder Pfennig für Vietnam seiner Meinung nach den Krieg verlängert.

Ich halte den Rainer auf Grund seines Bildungsstandes für einsichtig genug, zu begreifen, was er mit seiner Handlung des versuchten Grenzdurchbruches gemacht hat.

Vom gesamten Klassenverband wurde die strafbare Handlung des Rainer verurteilt. Der Klassenverband vertrat aber die Meinung, daß der Rainer durchaus im Klassenverband zu erziehen ist und erklärte sich einstimmig bereit, die Bürgschaft zu übernehmen (siehe Anlage)

Basse
Oberleutnant der K

00027

Allgemeine Berufsschule
Naumburg-Nebra
Schulteil Naumburg (Saale)
Sellergasse 6/10
Telefon: 3203

48 Naumburg (Saale), den 25. 1. 6

Akt.-Z. Klasse Bäcker I

Bürgschaftserklärung

Wir übernehmen hiermit die Bürgschaft über unseren Mitschüler

Rainer Wagner
wohnhaft Weißenfels, Töpferdamm 9.

Wir sind bereit, ihn wieder in unser Kollektiv aufzunehmen und in jeder Weise erzieherisch auf ihn einzuwirken.

Wir werden ihn mehr an die gesellschaftliche Arbeit heranziehen in Form von Mitarbeit bei den Politinformationen und an der Ausgestaltung unserer Wandzeitung.

Wir übernehmen auch die Patenschaft über ihn, damit er den fachlichen Stoff in kürzester Frist nachholen kann.

In bestimmten Zeitabständen wird diese Bürgschaft im Klassenverband ausgewertet.

Wir erwarten von dem Rainer Wagner, daß er uns bei der Realisierung dieser Bürgschaft aktiv unterstützt.

Karl-Heinz [illegible]	Hella Härtel
Michael [illegible]	Ingrid Kroll
Wolfgang [illegible]	Margot Wilhelm
[illegible]	Erika [illegible]
Sieglinde Jäger	Sonja Weidauer
Sieglinde Reich	[illegible] Jäger
[illegible] Schmidt	Gisela Bach
Helmut [illegible]	Ruth [illegible]
Stefanie Kaufmann	Christine Löffler
	Ursula Gundermann
	Silvia [illegible]
	Inge Schedler
	[illegible]
	[illegible]
	[illegible]

J. [illegible]

Naumburg, den 26.01.1967
Beginn der Vernehmung : 14.30 Uhr
Ende der Vernehmung : 15.00 Uhr
Ba.

Vernehmungsprotokoll

des Beschuldigten

Wagner, Rainer
geb. am 24.07.1951 in Weissenfels
wohnhaft Weissenfels, Töpferdamm 09

Frage : Ihnen wurden soeben die Einschätzungen aus dem Wohngebiet und aus der Berufsschule verlesen. Außerdem wurde Ihnen mitgeteilt, daß die Klasse der Bäcker bereit ist, die Bürgschaft über Sie zu übernehmen. Was haben Sie dazu zu sagen ?

Antwort : Die Einschätzungen sind richtig. Ich erkenne diese auch an. Ich bin regelmäßig zur Schule gegangen und habe auch gut mitgearbeitet. Auch in der Lehre habe ich mich bemüht, meine Leistungen zu zeigen.
Zur Bürgschaft möchte ich aber sagen, daß ich diese von meiner Seite aus nicht anerkenn en kann. Ich kann das System in der DDR nicht anerkennen. Deshalb will ich auch nicht hierbleiben, sondern werde immer versuchen, wieder nach Westdeutschland zu kommen. Die Gründe dafür habe ich schon in meiner ersten Vernehmung gesagt.
Ich weiß, daß ich dadurch in den Jugendwerkhof oder in das Jugendgefängnis komme, aber ich will nicht heucheln.

Ich habe das Vernehmungsprotokoll selber gelesen. Der Inhalt desselben entspricht in allen Teilen den von mir gemachten Angaben, meine Worte sind darin auch richtig wiedergegeben.

geschlossen :

Rainer Wagner

Oberleutnant der K

DER STAATSANWALT
DES KREISES
WEISSENFELS

WEISSENFELS, den 23. Februar 1967
Rudolf-Breitscheid-Straße 18
Fernruf 2764
Postschließfach Nr. 87

Sohm/Ha

Akt.: KIA 22/67
Bei Rückfragen unbedingt angeben

An die
Jugendstrafkammer des
Kreisgerichtes

Weißenfels

J u g e n d l i c h !

Eing 4.3.67 Ka

A n k l a g e !

Ich klage an

den Bäckerlehrling
Rainer W a g n e r ,
geb. am 24.7.1951 in Weißenfels,
wohnh. Weißenfels, Töpferdamm 9,
ledig, keine Kinder,
Staatsangehörigkeit DDR,
laut Strafregisterauszug nicht vorbestraft,
in dieser Sache seit dem 3.1.67 in Haft in
der Strafvollzugsanstalt Naumburg
gesetzlicher Vertreter Franz Wagner,
Weißenfels, Töpferdamm 9

Er wird beschuldigt, Angriff auf die Sicherheit der DDR und die Unantastbarkeit der Souveränität der Staatsgrenze verübt zu haben.

Am 2.1.1967 versuchte der Beschuldigte in der Gemeinde Kreusburg im Grenzkreis Eisenach gewaltsam die Staatsgrenze der DDR nach Westdeutschland zu durchbrechen. Der Beschuldigte befand sich bereits im 5 Km-Sperrgebiet und konnte durch Angehörige der Sicherheitsorgane gestellt und festgenommen werden. Den versuchten gewaltsamen Grenzdurchbruch führte er in der Zeit zwischen 19.00 und 20.00 Uhr durch. Der Beschuldigte hat als Jugendlicher in Verantwortungsreife gehandelt.

Verfehlung strafbar gem. § 8 Abs. 1 u. 3 der Fassung des Paßgesetzes vom 11.12.57, § 6 Abs. 1, Ziff. b der Grenzverordnung v. 19.3.64, § 1, 4 Abs. 1 JGG

Beweismittel:

1. Festnahmprotokoll — Bl. 2-3 d.A.
2. Einlassungen des Beschuldigten — Bl. 9 - 13, 28 - 33 d.A.

Wesentliches Ergebnis der Ermittlungen:

Die Ermittlungen der Untersuchungsorgane haben ergeben, dass sich
der Beschuldigte seit Sommer 1966 konkret damit beschäftigt hat,
um gewaltsam die Staatsgrenze der DDR nach Westdeutschland zu durch-
brechen. Am 2.1.1967 hat er sich entschieden diesen Grenzdurch-
bruch durchzuführen. Er selbst wollte diesen Grenzdurchbruch im
Grenzkreis Eisenach bei Kreuzbrug durchführen. Er fuhr von Weißen-
fels mit den Personenzug in Richtung Eisenach. In Eisenach selbst
hatte er den Bahnhof verlassen und ging zu Fuß in Richtung Staats-
grenze.

43

Die Kontrollpunkte zur Staatsgrenze hat er umgangen, weil er wußte, wenn er die Kontrollepunkte passiert, dass er sofort festgenommen wird. Durch diese Methode gelang es den Beschuldigten bis in das 5 Km-Sperrgebiet unmittelbar in die Nähe der Gemeinde Kreuzburg. Hier wurde er durch Angehörige der DVP festgenommen.

Der Beschuldigte selbst gibt zu, dass er auf illegalen Wege gewaltsam die Staatsgrenze der DDR nach Westdeutschland durchbrechen wollte. Durch die Festnahme wurde der Beschuldigte an der Durchführung des gewaltsamen Grenzdurchbruches gehindert. Durch dieses Verhalten hat er den § 8 Abs. 1 u. 3 der Fassung des Paßgesetzes vom 11.12.1957 verletzt.

Er wußte welche Folgen eintreten, wenn er gewaltsam die Staatsgrenze durchbricht. Aus diesem Grunde ist er bei der Durchführung seines versuchten gewaltsamen Grenzdurchbruches alle Kontrollpunkte zur Staatsgrenze umgangen, weil er ja den festen Entschluß gefasst hatte, diesen Grenzdurchbruch unbedingt durchzuführen.

Seine Handlung selbst muß als versuchter gewaltsamer Grenzdurchbruch eingeschätzt werden. Durch die Festnahme wurde er an der weiteren Durchführung seines Vorhabens gehindert. Als Jugendlicher hat der Beschuldigte in Verantwortungsreife gehandelt. Er wußte, welche strafrechtlichen Folgen daraus entstehen. In seiner geistigen Entwicklung ist er soweit vorangeschritten, dass er die Tragweite seines Handelns erkennen konnte.

Desweiteren war ihm bekannt, wenn er nach Westdeutschland gelangen will, dass er dabei die Staatsgrenze der DDR gewaltsam überschreiten muß. Die Voraussetzungen für die Anwendung des § 4 Abs. 1 JGG sind gegeben.

Feststeht weiterhin, dass der Beschuldigte völlig der feindlichen ideologischen Propaganda erlegen ist. Er hat wiederholt Westfernsehen gesehen. Offensichtlich hat er sich darauf orientiert, um letztenEndes diesen Grenzdurchbruch durchführen zu können. Weiterhin muß eingeschätzt werden, dass der Beschuldigte die Entwicklung unseres Arbeiter- und Bauernstaates negiert und sich ausschließlich auf den Westzonenstaat orientiert.

In diesem Zusammenhang muß weiterhin hervorgehoben werden, dass der Beschuldigte planmäßig den gewaltsamen Grenzdurchbruch vorbereitet hat. In seiner Vernehmung bringt der Beschuldigte offen zum Ausdruck, dass er mit der Gesellschaftsordnung in der DDR nicht einverstanden ist und lieber in Westdeutschland wohnen will.

Desweiteren äusserte er, dass er es immer wieder versuchen wird, um auf illegalen Wege mittels Grenzdurchbruch nach Westdeutschland zu gelangen. Diese Darlegungen machen sichtbar, welche Einstellung der Beschuldigte zur DDR hat und das er letztenEndes bereit ist, die Politik des Bonnerstaates zu unterstützen. Die Feinde der DDR versuchen ständig die Souveränität der Staatsgrenze zu unterminieren. Durch Zwischenfälle an der Staatsgrenze versuchen sie Provokationen auszulösen. Der Beschuldigte war letztenEndes mit seiner Handlung bereit, diese Politik des revanchistischen Staates in Westdeutschland zu unterstützen.

Die Werktätigen in der DDR unternehmen gegenwärtig große Anstrengungen um unseren Staat wirtschaftlich, politisch, kulturell und militärisch zu stärken. Mit Recht sind sie über eine derartige Handlungweise, wie sie der Beschuldigte begangen hat, empört.

Die Sicherung der Souveränität der Staatsgrenze der DDR ist unerläßlich. Die Aufgabe der kommenden Hauptverhandlung muß unter anderem auch darin bestehen, den Beschuldigten mit aller Deutlichkeit aufzuzeigen, dass eine derartige Handlungsweise wie er begangen hat in unserem sozialitischen Staat nicht geduldet wird.

Es liegt im Interesse unseres Staates, dass der Beschuldigte gerichtlich zur Verantwortung gezogen wird.

Es wird beantragt:

1. Termin zur Hauptverhandlung anzuberaumen
2. Das Hauptverfahren zu eröffnen
3. Haftbefehl aufrecht zu erhalten
4. Als Jugendbeistand den Klassenlehrer Josef Mizera, Naumburg, Siedlungsstr. 32 zu laden.
5. Einen Vertreter des Referates Jugendhilfe zu laden.
6. Gem. § 180 Abs. 2 StPO den Beschuldigten die Anklage zur Kenntnis zu bringen.

Schmidt
(Schmidt)

57

Rechtskräftig

seit: 8. April 1967
Weißenfels, den 10. 4. 1967
Schmieding

Das Kreisgericht
- S 29/67 -
- KIA 22/67 -

URTEIL

IM NAMEN DES VOLKES!

In der Jugendstrafsache

gegen den Bäckerlehrling Rainer Wagner,
geb. am 24. 7. 1951 in Weißenfels,
wohnhaft in Weißenfels, Töpferdamm 9
ledig, keine Kinder, Staatsb. der DDR,
nicht vorbestraft,
seit dem 3. 1. 1967 in Haft
gesetzlicher Vertreter:
Franz Wagner, Weißenfels, Töpferdamm 9

wegen versuchten gewaltsamen Grenzdurchbruchs

hat die Jugendstrafkammer des Kreisgerichts Weißenfels in der Hauptverhandlung am 31. März 1967, an der teilgenommen haben:

Richter Wahren
als Vorsitzender,

Angestellte Hoffmann
Schmelzer Voigt
als Schöffen,

Kreisstaatsanwalt Schmidt
Vertreter der Kreisstaatsanwaltschaft

Justizangestellte Lange
als Protokollführerin

für Recht erkannt:

DerAngeklagte wird wegen versuchten gewaltsamen Grenzdurchbruchs gem. § 8 Abs. 1 und 2 des Paßgesetzes in Verbindung mit § 6 Abs. 1 Ziff. b der VO. zum Schutze der Staatsgrenze vom 19. 3. 1964 und den §§ 1 und 4 JGG zu einem Freiheitsentzug von

einem Jahr und 2 - zwei - Monaten

verurteilt.

Die bisherige Untersuchungshaft wird auf die erkannte Strafe angerechnet.

Die Auslagen des Verfahrens hat der Angeklagte zu tragen.

58

G r ü n d e :

Der 15-jährige nicht vorbestrafte Angeklagte entstammt einer Arbeiterfamilie. Er hat die Grundschule besucht, wo er aus der 8. Klasse entlassen wurde. Im September 1966 hat er beim Bäckermeister Simon in Weißenfels die Lehre als Bäckerlehrling begonnen.
Der Angeklagte ist nicht organisiert. Er hat auch nicht am gesellschaftlichen Leben teilgenommen.

Am 2. 1. 1967 hat der Angeklagte sein Elternhaus verlassen und ist mit einem Zug der Deutschen Reichsbahn nach Eisenach gefahren. In Eisenach hielt er sich teils im Stadtgebiet auf. Er besichtigte auch zur Tageszeit die Wartburg und zog Erkundigungen ein über den Verlauf der Staatsgrenze. Nach Eintritt der Dunkelheit setzte er seinen Weg in Richtung Staatsgrenze fort. Als er sich bereits ohne Genehmigung im Sperrgebiet befand, wurde er in der Nähe der Ortschaft Creuzburg durch einen Freiwilligen Helfer der Deutschen Volkspolizei gestellt und den Sicherheitsorganen übergeben. Der Angeklagte hatte die Absicht, in diesem Raum die Staatsgrenze der Deutschen Demokratischen Republik gewaltsam zu durchbrechen, wobei er in seinem Entschluß, das Durchschwimmen der Werra einbezogen hatte. Durch seine Festnahme wurde er an der weiteren Tatausführung gehindert.

Dieser Sachverhalt ergibt sich aus den Einlassungen des Angeklagten.

Der Angeklagte war nicht im Besitz einer erforderlichen Genehmigung, um das Sperrgebiet in der Nähe der Staatsgrenze der Deutschen Demokratischen Republik zu betreten und sich darin aufzuhalten.
Er hat sich in das Sperrgebiet begeben mit dem Ziel, die Staatsgrenze gewaltsam zu durchbrechen. Für eine Übersiedlung nach Westdeutschland lag keine Genehmigung vor. Sein Verhalten ist strafbar nach § 8 Abs. 1 und 3 des Paßgesetzes in Verbindung mitndem § 6 Abs. 1 Ziff. b der VO. zum Schutze unserer Staatsgrenze der Deutschen Demokratischen Republik vom 19. 3. 1964. Dem Wortlaut des Gesetzes entsprechend stellt die Handlungsweise des Angeklagten ein versuchtes ungenehmigtes Verlassen des Gebietes der Deutschen Demokratischen Republik dar. Da aber die Staatsgrenzen der Deutschen Demokratischen Republik, insbesondere seit dem 13. 8. 1961 gegen Anschläge der westdeutschen Imperialisten und Militaristen besonders geschützt sind, ist zur Überwindung der Staatsgrenze eine entsprechende Intensität erforderlich. Daher ist die Handlung des Angeklagten als ein versuchter gewalt-

59

samer Grenzdurchbruch zu werten. Der Angeklagte gilt gem. § 1 JGG als Jugendlicher. Er ist noch keine 18 Jahre alt. Er verfügt über durchschnittliche Kenntnisse auf allen Gebieten des gesellschaftlichen Lebens, entsprechend seines Alters. Dies beginnt mit seinen schulischen und beruflichen Leistungen und setzt sich über seine Weltanschauung fort. Er wußte genau, wie gefährlich sein Vorhaben ist und hat die ganze Gefährlichkeit in seine Tatausführung einbezogen. Dies zeigt sich ganz besonders daran, in welcher raffinierten Weise er sich bei den verschiedensten Staatsbürgern über den Verlauf der Staatsgrenze erkundigte.und wie er für das Gelingen seiner strafbaren Handlung die Jahreszeit und die Witterungsbedingungen ausnutzte. So ließ er sich nach seinen Vorstellungen davon leiten, daß einen Tag nach Neujahr die Grenze nicht so stark bewacht wäre, weil ein Teil der Angehörigen der Grenzsicherungsorgane sich in Urlaub befinden würden. Sein gut durchdachtes Herangehen an die Tatausführung sowie auch seine persönliche Entwicklung zeigt, daß der Angeklagte zur Zeit der Tat in sittlicher und auch in geistiger Hinsicht gesehen reif genug war, um die Gesellschaftsgefährlichkeit dieser Tat einzusehen und nach dieser Einsicht zu handeln. Beim Angeklagten liegen die Voraussetzungen zur strafrechtlichen Verantwortlichkeit gem. § 4 JGG vor.

Jedes ungenehmigte Verlassen der Deutschen Demokratischen Republik beeinträchtigt nicht schlechthin die Tätigkeit der Sicherheitsorgane der Deutschen Demokratischen Republik beim Schutz der Grenzen, sondern ruft für den einzelnen erhebliche Gefahren für Gesundheit und Leben hervor. Damit wird zugleich die Politik der Bonner Revanchisten und Militaristen unterstützt und gefördert. Jeder Bürger der Deutschen Demokratischen Republik, welcher sich illegal nach Westdeutschland begibt, übt Verrat an den Interessen der Arbeiterklasse. Er wird ob er will oder nicht, für die verbrecherischen Ziele ausgenutzt. So ist es kein Geheimnis, daß gerade die westdeutschen Revanchisten Territorialansprüche stellen und die Deutsche Demokratische Republik, sowie Gebiete der Volksrepublik Polen, sowie der CSSR in ihr Staatsgefüge einverleihen wollen. Dies drückt ganz besonders der sogenannte Bonner Graue Plan aus, wo bereits konkrete Vorstellungen über den Verwendungszweck unserer sozialistischen Betriebe und Genossenschaften festgelegt sind. Um diese revanchistischen Pläne in die Tat umzusetzen, ist jede Grenzprovokation und jeder Zwischenfall an der Staatsgrenze im Interesse der herrschenden Kreise in West-

60

deutschland. Aus diesem Grund stellt ein ungenehmigtes Verlassen des Gebietes der Deutschen Demokratischen Republik kein Kavaliersdelikt dar, sondern ist ein schwerer Angriff gegen die Sicherheit und Ordnung an der Staatsgrenze .

Beim Angeklagten handelt es sich um einen 15-jährigen jungen Menschen, welcher in seinen Lebensauffassungen völlig verwirrt ist und einen sehr starken religiösen Fanatismus zum Inhalt hat. Obwohl der Angeklagte in unserem Arbeiter-und-Bauern-Staat aufgewachsen ist, indem in der Schule die Grundsätze unserer sozialistischen Gesellschaft gelehrt wurden, ist bei ihm eine widersprüchliche Erziehung zu verzeichnen. Durchadie Schwere Krankheit seiner Mutter hat die elterliche Erziehung versagt, so wurde im Elternhaus geduldet, daß er sich ständig über das politische Tagesgeschehen durch das Ansehen westlicher Fernsehprogramme informierte. Hinzu kam, daß er starke Bindung zu religiösen Personen aufnahm und sich von diesen beeinflussen ließ. So kam es, daß er zu der Auffassung gelangte, er könne in der Deutschen Demokratischen Republik nicht frei leben, Westdeutschland sei der einzigste legitime Staat in Deutschland, welcher auf der Grundlage von freien Wahlen hervorgegangen sei. Otto von Habsburg sei sein Vorbild. Diesen wolle er unterstützen bei der Bildung einer gesamtdeutschen Monarchie, welche die Regierungsgewalt über Deutschland, Österreich und Ungarn ausübt. Es gibt bei ihm auch solche Vorstellungen, daß die derzeitigen Repräsentanten der Deutschen Bundesrepublik wahre und ehrliche Christen sind. Die Verbrechen des KZ-Baumeisters Lübke und die veröffentlichten Dokumente hierüber werden von ihm angezweifelt.
Aus all dem ergibt sich, daß der Angeklagte bereits während seiner Schulzeit mit ideologischem Unrat in Berührung gekommen ist und daß die ganze feindliche Ideologie des Bonner Natostaates tiefe Wurzeln in seiner gesamten Denkweise hinterlassen hat. Er ist somit ein Opfer der feindlichen ideologischen Diversion, der kalten Krieger geworden, worin die Hauptursachen seiner strafbaren Handlung zu finden sind. Nur unter ständiger Kontrolle und Anleitung durch erfahrene Pädagogen kann der Angeklagte von seiner irrigen Lebensauffassung abgebracht werden. Voraussetzungen für eine bedingte Verurteilung sind einmal auf Grund der Schwere der strafbaren Handlungen und zum anderen auf Grund seiner gesamten Lebensauffassung

61

und Einstellung zur Straftat nicht vorhanden, zumal er selbst in seiner Vernehmung vor der Volkspolizei am 26. 1. 1967 Blatt 13 der Akte zum Ausdruck bringt "ich kann das System in der DDR nicht anerkennen, deshalb will ich auch nicht hier bleiben, sondern werde immer wieder versuchen, nach Westdeutschland zu kommen. Etwa im zweiten Drittel der Hauptverhandlung, nachdem ihm die ganze Gefährlichkeit und Verwerflichkeit seiner Einstellung durch alle am Prozeß Beteiligten aufgezeigt wurde, verhielt er sich nicht mehr ganz so uneinsichtig, wie zuvor, wo er als ein sogenannter Märtyrer auftrat. Im Schlußwort des Angeklagten war etwas Einsicht zu erkennen, jedoch demgegenüber brachte sein Vater, als gesetzlicher Vertreter keine Einsicht entgegen, woraus klar hervorgeht, daß die Ursachen der Denkweise des Angeklagten im Versagen der elterlichen Erziehung zu finden ist.

Der Anklagevertreter beantragte einen Freiheitsentzug von einem Jahr und 2 Monaten.
Der Jugendbeistand hielt die Anwendung von geringeren Erziehungsmaßnahmen für geeignet.
Nach eingehender Beratung, unter Berücksichtigung des Grades der Gesellschaftsgefährlichkeit, der Umstände der Tat und der Persönlichkeit des 1[illegible]-jährigen Angeklagten entsprechend, erkannte die Jugendstrafkammer auf einen Freiheitsentzug von einem Jahr und 2 Monaten und gab somit dem Antrag des Anklagevertreters in vollem Umfange statt. Geringere Erziehungsmaßnahmen, wie vom Jugendbeistand beantragt, tragen der Gefährlichkeit der Handlungsweise des Angeklagten keine Rechnung und sind auch nicht geeignet, Einfluß auf die gesamte Denkweise des Angeklagten zu nehmen. Die ausgeworfene Strafe ist nach Auffassung der Jugendstrafkammer geeignet, dem Angeklagten die Verwerflichkeit seines Handelns vor Augen zu führen, ihm von seinem stark ausgeprägten religiösen Fanatismus zu lösen und ihm eine klare Weltanschauung zu vermitteln.

Das Elternhaus und alle anderen gesellschaftlichen Kräfte sind nicht in der Lage, den Angeklagten umzuformen.
Aus diesem Grunde konnte die Jugendstrafkammer den Ausführungen und Antrag des Jugendbeistandes nicht folgen.

Die Entscheidung über die bisherige Untersuchungshaft beruht auf § 353-§ 219 Abs. 2 StPO. Die Entscheidung über die Auslagen des Verfahrens beruht auf § 353 StPO in Verbindung mit der VO. vom 15. 3.

Hoffmann [signature] [signature]

56

Das Kreisgericht
S 29/67 -
KIA 22/67

B e s c h l u ß

In der Strafsache

g e g e n den Bäckerlehrling Rainer W a g n e r ,
gebl am 24. 7. 1951 in Weißenfels,
wohnhaft in Weißenfels, Töpferdamm 9
ledig, keine Kinder, Staatsb. der DDR,
nicht vorbestraft,
seit dem 3. 1. 1967 in Haft
gesetzl. Vertreter:
Franz Wagner, Weißenfels, Töpferdamm 9

wird der Verurteilte in die Kategorie III des Strafvollzugs eingewiesen.

G r ü n d e :

Durch Urteil der Jugendstrafkammer des Kreisgerichts Weißenfels wurde der Verurteilte durch Urteil vom 31. 3. 1967 wegen versuchten gewaltsamen Grenzdurchbruchs zu einem Freiheitsentzug von einem Jahr und 2 Monaten verurteilt.

Er ist noch nicht vorbestraft. Seine Umerziehung ist durchaus in der Kategorie III des Strafvollzugs gewährleistet. Aus diesem Grunde war er antragsgemäß in diese Kategorie einzuweisen.

Diese Entscheidung stimmt mit dem Erlaß des Staatsrates vom 4.4.1963 überein.

Gegen diese Entscheidung ist das Rechtsmittel der Beschwerde zulässig. Die Beschwerde kann innerhalb einer Woche auf der Geschäftsstelle des Kreisgerichts Weißenfels eingelegt werden.

Weißenfels, den 31. März 1967
Das Kreisgericht
Strafkammer

Hoffmann [illegible] [illegible]

Für die Mitteilung der Strafverbüßung bei anschließender Anschlußhaft ist der Vordruck SV 9 zu verwenden!

Mitteilung über Aufnahme/~~Entlassung~~

Name: V. Wagner Rufname: Rainer
geb. am 24. Juli 1951 Vollzugseinrichtung: JH Dessau
Aktenzeichen: StA KIA 22/67 SV 1887/67

Aufnahme
~~Strafantritt (Selbststeller) / U-Haft (Verlegung)~~ / Strafverbüßung (Verlegung)
am 25. Mai 1967 von StVA Naumburg
Registrier-Nummer: 451 410

Entlassung
am ………… Grund: …………
nach …………
Strafnachlaß: ………… Tage / ………… MDN Geldstrafe einbehalten

Der Staatsanwalt … Weißenfels
30 MAI 1967

1. Kreis- Staatsanwalt in Weißenfels
2. VPKA – Abt. PM
3. BDVP – Abt. SV Halle/Saale
4. MdI – VSV – Zentralkartei Berlin
5. Gefangenenakte

Datum: 25.05.67
Unterschrift: [Unterschrift]
i. A. Obwm. d. SV

DVP SV 8 (87/11) Ag 464/1114/66

Für die Mitteilung der Strafverbüßung bei anschließender Anschlußhaft ist der Vordruck SV 9 zu verwenden!

Mitteilung über ~~Aufnahme~~/Entlassung

Name: Wagner Rufname: Rainer
geb. am 24. Juli 1951 Vollzugseinrichtung: JF Dessau
Aktenzeichen: StA KIA 22/67 SV 1887/67

Aufnahme
Strafantritt (Selbststeller) / U-Haft (Verlegung) / Strafverbüßung (Verlegung)
am ………… von …………
Registrier-Nummer: 451 410

Entlassung
am 29. Febr. 1968 Grund: Strafende
nach Weißenfels, Töpferdamm 9
Strafnachlaß: ………… Tage / ………… MDN Geldstrafe einbehalten

1. Kreis- Staatsanwalt in Weißenfels
2. VPKA – Abt. PM
3. BDVP – Abt. SV Halle/Saale
4. MdI – VSV – Zentralkartei Berlin
5. Gefangenenakte

Datum: 29.02.68
Unterschrift: [Unterschrift]
i. A. Hptwm. d. SV

DVP SV 8 (87/11) Ag 464/1114/66

Bildungspflicht statt Schulzwang

Staatsrecht und Elternrecht
angesichts der Diskussion um den Hausunterricht
idea Dokumentation 4/2005

Thomas Schirrmacher

Spektakuläre Polizeiaktionen, bei denen Eltern, die ihre Kinder nicht auf allgemeine Schulen schicken wollen, verhaftet werden, lenken immer wieder die Aufmerksamkeit auf den Hausunterricht. Thomas Schirrmacher beleuchtet den pädagogischen Wert der Hausschule, Kindern die für ihr Leben notwendige Bildung zu vermitteln. Weiterhin setzt er sich mit der Frage auseinander, wie der Staat auf Hausschulen reagieren sollte, unabhängig davon, ob sie nun eine sinnvolle Alternative sein können oder nicht.

Aus dem Inhalt

Pb. • 90 S. • € 5,90
Best.-Nr. 860.527 • ISBN 3-937965-27-0